W9-BXG-852

Bienvenido a los Estados Unidos de América
Guía para nuevos inmigrantes

DISCARD

U.S. Citizenship and Immigration Services

Wimberley Village Library
P.O. BOX 1240
WIMBERLEY, TX 78676

U.S. GOVERNMENT OFFICIAL EDITION NOTICE

This is the Official U.S. Government edition of this publication and is herein identified to certify its authenticity. Use of the ISBN 978-0-16-092971-7 is for U.S. Government Publishing Office Official Editions only. The Superintendent of Documents of the U.S. Government Publishing Office requests that any reprinted edition clearly be labeled as a copy of the authentic work with a new ISBN.

The information presented in *Welcome to the United States: A Guide for New Immigrants* is considered public information and may be distributed or copied without alteration unless otherwise specified. The citation should be:

U.S. Department of Homeland Security, U.S. Citizenship and Immigration Services, Office of Citizenship, *Welcome to the United States: A Guide for New Immigrants*, Washington, DC, 2015.

U.S. Citizenship and Immigration Services (USCIS) has purchased the right to use many of the images in *Welcome to the United States: A Guide for New Immigrants*. USCIS is licensed to use these images on a non-exclusive and non-transferable basis. All other rights to the images, including without limitation and copyright, are retained by the owner of the images. These images are not in the public domain and may not be used except as they appear as part of this guide.

This guide contains information on a variety of topics that are not within the jurisdiction of U.S. Department of Homeland Security (DHS)/USCIS. If you have a question about a non-DHS/USCIS issue, please refer directly to the responsible agency or organization for the most current information. This information is correct at the time of printing, however, it may change in the future.

For sale by the Superintendent of Documents, U.S. Government Publishing Office
Internet: bookstore.gpo.gov Phone: toll free (866) 512-1800; DC area (202) 512-1800
Fax: (202) 512-2104 Mail: Stop IDCC, Washington, DC 20402-0001

ISBN 978-0-16-092971-7

Índice

Bienvenido a los Estados Unidos de América:
Guía para nuevos inmigrantes 1
Departamentos y agencias federales 2
Estados Unidos de América en la actualidad 3
Días feriados nacionales 4
Comuníquese con USCIS 5

Acerca de esta guía 7
Dónde obtener ayuda 8
Recursos de USCIS en Internet 10

Sus derechos y responsabilidades como residente permanente 13
Sus derechos y responsabilidades 14
Cómo conservar su estatus de residente permanente 16
Si es residente permanente condicional 19
Cómo obtener ayuda legal 21
Consecuencias de actos delictivos cometidos por residentes permanentes . . 24

Cómo establecerse en los Estados Unidos de América 27
Cómo obtener un número de Seguro Social 28
Cómo encontrar vivienda 30
Cómo buscar un empleo 35
Cuidado de niños 41
Transporte 43

Cómo administrar su dinero 47
Finanzas personales 48
Cómo pagar sus impuestos 51
Cómo proteger su dinero y protegerse a sí mismo 53

Cómo entender la educación y la atención médica 57
La educación en Estados Unidos 58
Instituciones de educación superior: institutos de enseñanza superior y
universidades 65
La educación de adultos 67
Aprender inglés 68
Atención médica 69
Otros programas federales de beneficios 72

Cómo mantener la seguridad de su vivienda y de su familia **75**

    Esté preparado 76

    Manténgase informado 78

    Responda a una emergencia 79

Aprenda sobre los Estados Unidos **83**

    Nosotros, el Pueblo: la función de los ciudadanos en Estados Unidos 84

    El comienzo de Estados Unidos 85

    La creación de "una Unión más perfecta" 87

    El funcionamiento del gobierno federal 90

    El Poder Legislativo: el Congreso 91

    El Poder Ejecutivo: el presidente 93

    El Poder Judicial: la Corte Suprema de Justicia 93

    El gobierno estatal y el gobierno local 94

    Viva la experiencia estadounidense 95

Convertirse en ciudadano estadounidense **97**

    Razones para adquirir la ciudadanía estadounidense 98

    Naturalización: convertirse en ciudadano estadounidense 100

    En camino hacia el futuro 107

Bienvenido a los Estados Unidos de América
Guía para nuevos inmigrantes

Felicitaciones por haberse convertido en residente permanente de los Estados Unidos de América. A la nombre del Presidente y del pueblo estadounidense, le damos una cordial bienvenida y le deseamos éxito en este país.

Estados Unidos tiene una larga tradición de acoger a inmigrantes de todas partes del mundo. Este país valora las contribuciones de los inmigrantes, quienes siguen enriqueciendo nuestra nación y preservando su legado de libertad y de oportunidades para todos.

En su calidad de residente permanente, usted ha decidido adoptar esta nación como su patria. Mientras trata de lograr sus objetivos, tómese el tiempo necesario para familiarizarse con el país, su historia y su gente. Ahora usted tiene tanto el derecho como la responsabilidad de forjar el futuro de nuestro país y de asegurar la continuación del éxito de nuestra nación.

Descubrirá oportunidades emocionantes durante el proceso de comenzar su vida como residente permanente de este gran país. ¡Bienvenido a los Estados Unidos de América!

Servicio de Ciudadanía e Inmigración de Estados Unidos

Departamentos y agencias federales

Si tiene alguna pregunta y no sabe cuál es el departamento que puede darle una respuesta, llame al 1-800-FED-INFO (o 1-800-333-4636). Si usted tiene discapacidades auditivas, llame al 1-800-326-2996.

También puede visitar el sitio web **www.usa.gov** o **www.gobiernousa.gov** para obtener información general acerca de los departamentos y agencias federales.

Departamento de Educación de Estados Unidos (ED, por sus siglas en inglés)
Teléfono: 1-800-USA-LEARN
Teléfono: 1-800-872-5327
Si usted tiene discapacidades auditivas: 1-800-437-0833
www.ed.gov

Comisión para la Igualdad de Oportunidades en el Empleo de Estados Unidos (EEOC, por sus siglas en inglés)
Teléfono: 1-800-669-4000
Si usted tiene discapacidades auditivas: 1-800-669-6820
www.eeoc.gov

Departamento de Salud y Servicios Humanos de Estados Unidos (HHS, por sus siglas en inglés)
Teléfono: 1-877-696-6775
www.hhs.gov

Departamento de Seguridad Nacional de Estados Unidos (DHS, por sus siglas en inglés)
Teléfono: 202-282-8000
www.dhs.gov

Servicio de Ciudadanía e Inmigración de Estados Unidos (USCIS, por sus siglas en inglés)
Teléfono: 1-800-375-5283
Si usted tiene discapacidades auditivas: 1-800-767-1833
www.uscis.gov

Servicio de Aduanas y Protección Fronteriza de Estados Unidos (CBP, por sus siglas en inglés)
Teléfono: 202-354-1000
www.cbp.gov

Servicio de Inmigración y Control de Aduanas de Estados Unidos (ICE, por sus siglas en inglés)
www.ice.gov

Departamento de Vivienda y Desarrollo Urbano de Estados Unidos (HUD, por sus siglas en inglés)
Teléfono: 202-708-1112
Si usted tiene discapacidades auditivas: 202-708-1455
www.hud.gov

Departamento de Justicia de Estados Unidos (DOJ, por sus siglas en inglés)
Teléfono: 202-514-2000
www.justice.gov

Departamento del Tesoro de Estados Unidos
Internal Revenue Service (IRS, por sus siglas en inglés)
Teléfono: 1-800-829-1040
Si usted tiene discapacidades auditivas: 1-800-829-4059
www.irs.gov

Sistema del Servicio Selectivo (SSS)
Teléfono: 1-888-655-1825
Teléfono: 847-688-6888
Si usted tiene discapacidades auditivas: 847-688-2567
www.sss.gov

Administración del Seguro Social (SSA, por sus siglas en inglés)
Teléfono: 1-800-772-1213
Si usted tiene discapacidades auditivas: 1-800-325-0778
www.socialsecurity.gov o **www.segurosocial.gov/espanol**

Departamento de Estado de Estados Unidos (DOS, por sus siglas en inglés)
Teléfono: 202-647-4000
Si usted tiene discapacidades auditivas: 1-800-877-8339
www.state.gov

Estados Unidos de América en la actualidad

Estados Unidos también incluye los territorios de Guam, Samoa Americana, las Islas Vírgenes estadounidenses y la Mancomunidad de las Islas Marianas del Norte y el Estado Libre Asociado de Puerto Rico, que no aparecen en este mapa.

Días feriados nacionales

La mayoría de las oficinas federales están cerradas durante los días feriados nacionales. Si un día feriado cae un sábado, se celebra el viernes anterior. Si un día feriado cae un domingo, se celebra el lunes siguiente. Muchos empleadores que no pertenecen al gobierno también conceden a sus empleados el día libre en estos días. El gobierno federal celebra oficialmente los siguientes días feriados:

Año Nuevo	1 de enero
Nacimiento de Martin Luther King Junior	Tercer lunes de enero
Día de los Presidentes	Tercer lunes de febrero
Día de Conmemoración a los Caídos	Último lunes de mayo
Día de la Independencia	4 de julio
Día del Trabajo	Primer lunes de septiembre
Aniversario del Descubrimiento de América	Primer lunes de octubre
Día de los Veteranos de Guerra	11 de noviembre
Día de Acción de Gracias	Cuarto jueves de noviembre
Día de Navidad	25 de diciembre

Comuníquese con USCIS

Visite el sitio web de USCIS en **www.uscis.gov** y **www.welcometousa.gov**, un recurso para los nuevos inmigrantes.

Llame al Centro Nacional de Servicio al Cliente al 1-800-375-5283 o al 1-800-767-1833 (si tiene discapacidades auditivas).

Para obtener formularios, visite el sitio web de USCIS o llame a la Línea de Petición de Formularios de USCIS al 1-800-870-3676.

Acerca de esta guía

Esta guía contiene información básica que lo ayudará a establecerse en Estados Unidos y a encontrar lo que usted y su familia necesitan para su vida diaria. Asimismo, resume información importante acerca de su estatus legal y sobre las agencias y organizaciones que proporcionan documentos o servicios esenciales que podría necesitar.

Como residente permanente, le sugerimos que comience por familiarizarse con el país, su gente y el sistema de gobierno. Utilice esta guía para conocer sus derechos y responsabilidades como inmigrante y para entender cómo funcionan el gobierno federal y los gobiernos estatales y locales. También puede familiarizarse con sucesos históricos importantes que han dado forma al país y comprender la importancia de participar en los asuntos de su comunidad, así como sugerencias sobre cómo hacerlo.

En esta guía, se le proporciona un resumen general de los derechos, responsabilidades y procedimientos que afectan a los residentes permanentes. Para obtener información más específica y detallada, consulte las leyes, normas, formularios y guías del Servicio de Ciudadanía e Inmigración de Estados Unidos (USCIS, por sus siglas en inglés). Si tiene preguntas o un caso de inmigración específico, debe consultar siempre estos recursos más detallados. Puede encontrar dicha información en el sitio web de USCIS, **www.uscis.gov/es**. Usted también puede obtener formularios de USCIS en el sitio web o llamar a la Línea de Petición de Formularios de USCIS al 1-800-870-3676. Para obtener más información, llame al Centro Nacional de Servicio al Cliente al 1-800-375-5283 o al 1-800-767-1833 (si tiene discapacidades auditivas).

Dónde obtener ayuda

Esta guía tiene el propósito de ayudarlo a establecerse en este país, pero en ella no se responde a todas las preguntas específicas que usted podría tener. Para obtener más información, puede comunicarse con una oficina del gobierno estatal, del condado o de la ciudad para conocer los servicios disponibles para usted, o puede consultar a organizaciones locales que ayudan a nuevos inmigrantes. Podrá encontrar estas oficinas y organizaciones mediante los recursos gratuitos que se describen a continuación.

La biblioteca pública

Las bibliotecas públicas de Estados Unidos son gratuitas y están a disposición de todos. Hay bibliotecas en casi todas las comunidades. El personal de la biblioteca puede ayudarlo a encontrar información sobre muchos temas y darle una tarjeta que le permitirá tomar prestados gratuitamente materiales, como libros, DVD y otros recursos. La mayoría de las bibliotecas también tienen periódicos locales que usted podrá consultar y computadoras que podrá utilizar para acceder al Internet.

Algunas bibliotecas ofrecen clases gratuitas de informática, enseñanza de inglés y otros programas para menores de edad y adultos. Pregúntele al personal de la biblioteca acerca de los servicios que se ofrecen en su comunidad. Para encontrar una biblioteca cerca de su domicilio, visite **www.nces.ed.gov**.

La guía telefónica

La guía telefónica (directorio telefónico) del lugar donde usted vive contiene números de teléfono e información importante acerca de los servicios a la comunidad federales, estatales y locales. La guía telefónica contiene información en caso de emergencia, mapas locales e información sobre cómo obtener servicio telefónico. En las páginas blancas encontrará números de teléfono personales, y en las páginas amarillas encontrará números de teléfonos y direcciones de empresas y organizaciones. También puede marcar el 411 en su teléfono para obtener números específicos en cualquier parte de Estados Unidos. Es posible que al llamar al 411 usted tenga que pagar una tarifa.

Internet

Internet puede ofrecerle muchas fuentes de información, como por ejemplo, los sitios web de agencias federales, estatales y locales. La mayoría de los sitios web del gobierno terminan con ".gov". Si no tiene una computadora en su hogar, puede utilizar una en la biblioteca pública. Puede usar este servicio para buscar empleo, encontrar vivienda, obtener información sobre escuelas e identificar organizaciones y recursos comunitarios que puedan ayudarlo. También puede encontrar noticias importantes y eventos de actualidad y descubrir información interesante sobre la vida en Estados Unidos, la historia y el gobierno del país y su comunidad. Para encontrar recursos del gobierno federal disponibles para los nuevos inmigrantes, visite **www.welcometousa.gov**.

CONSEJO

Es importante que sepa que hay personas deshonestas que han creado sitios web falsos, similares a sitios web del gobierno, con la intención de confundirlo y aprovecharse de usted. Recuerde que el sitio web del Servicio de Ciudadanía e Inmigración de Estados Unidos es **www.uscis.gov** (en inglés) o **www.uscis.gov/es** (en español).

Organizaciones comunitarias y religiosas que ayudan a los inmigrantes

Existen organizaciones en muchas comunidades que ofrecen ayuda a los inmigrantes de manera gratuita o a bajo costo. Estas organizaciones pueden ayudarlo a familiarizarse con su comunidad y con los servicios que están a su disposición. Para identificar y localizar estas organizaciones, búsquelas en Internet y en la guía telefónica local. También puede pedir información al personal de la biblioteca pública o comunicarse con la agencia de servicios sociales del gobierno local.

Recursos de USCIS en Internet

USCIS cuenta con una variedad de recursos útiles en Internet. Dichos recursos proporcionan información sobre temas de inmigración, tiempos de procesamiento, estados de casos, tarifas y otros beneficios.

RECURSOS EN INTERNET	
Si quiere:	**Visite:**
Verificar el estatus de su caso, ver tiempos de procesamiento, inscribirse para recibir actualizaciones de su estatus o localizar la oficina de USCIS más cercana a su domicilio	**www.uscis.gov (en inglés) / www.uscis.gov/es (en español)**
Ver las tarifas de presentación actuales	**www.uscis.gov/es/tarifas-de-presentacion**
Programar una cita gratis en INFOPASS con un oficial de USCIS	**http://infopass.uscis.gov**

Más información para nuevos inmigrantes

Bienvenido a los Estados Unidos de América: Guía para nuevos inmigrantes está disponible en otros idiomas en **www.uscis.gov/newimmigrants**.

Sus derechos y responsabilidades como residente permanente

Por su estatus de residente permanente, se espera que usted considere a Estados Unidos su patria y respete y obedezca las leyes del país. Ser residente permanente también significa que tiene nuevos derechos y responsabilidades.

Su estatus de residente permanente es un privilegio, no un derecho. En ciertas circunstancias, el gobierno de Estados Unidos puede quitarle su estatus de residente permanente. Si desea vivir y trabajar en el país y algún día convertirse en ciudadano estadounidense, debe conservar dicho estatus.

En esta sección, conocerá qué significa ser residente permanente y qué necesita hacer para conservar su estatus.

Sus derechos y responsabilidades

Su conducta como residente permanente puede afectar sus posibilidades para obtener la ciudadanía estadounidense en el futuro. Al proceso para obtener la ciudadanía se lo llama "naturalización".

Como residente permanente, usted tiene derecho a:

- Vivir de forma permanente en cualquier parte de Estados Unidos.

- Trabajar en Estados Unidos.

- Ser dueño de propiedades en Estados Unidos.

- Asistir a escuelas públicas.

- Solicitar una licencia de conducir en su estado o territorio.

- Alistarse en ciertas ramas de las Fuerzas Armadas de Estados Unidos.

- Recibir beneficios del Seguro Social, de Seguridad de Ingreso Suplementario y de Medicare, si cumple con los requisitos.

- Solicitar la ciudadanía una vez que haya cumplido con los requisitos.

- Solicitar visas para que su cónyuge y sus hijos solteros residan en Estados Unidos.

- Salir del país y volver a entrar en ciertas circunstancias.

Como residente permanente, usted debe:

- Obedecer todas las leyes federales, estatales y locales.

- Pagar los impuestos sobre ingresos federales, estatales y locales.

- Inscribirse en el Servicio Selectivo (Fuerzas Armadas de Estados Unidos), si es varón y tiene entre 18 y 26 años de edad. Consulte las instrucciones en la página 18.

- Conservar su estatus migratorio.

- Llevar consigo, en todo momento, documentación que compruebe su estatus de residente permanente.

- Notificar por Internet o por escrito a USCIS su nueva dirección cada vez que se mude y hacerlo dentro de los 10 días posteriores a la mudanza. Consulte las instrucciones en la página 19.

Lo que usted puede hacer

Como residente permanente, usted ha adquirido muchos derechos y libertades. Como resultado de ello, también ha contraído algunas responsabilidades. Una responsabilidad importante es la de participar en los asuntos de su comunidad. También debe familiarizarse con la cultura, la historia y el gobierno estadounidenses. Para ello, haga cursos de educación de adultos y lea los periódicos locales.

A las personas con residencia permanente se les expide una Tarjeta de Residente Permanente válida (Formulario I-551) como constancia de su estatus legal en Estados Unidos. Algunas personas se refieren a esta tarjeta con el nombre en inglés *Green Card* (Tarjeta Verde). Para inmigrar a Estados Unidos y ser admitido como residente permanente, debe pagar la Tarifa de Inmigrante de USCIS. Puede pagarla por Internet mediante el Sistema Electrónico de Inmigración de USCIS (USICS ELIS) en **www.uscis.gov/uscis-elis**. Recuerde que recibirá su Tarjeta de Residente Permanente solo cuando haya pagado la Tarifa de Inmigrante de USCIS. Si adquiere el estatus de residente permanente mediante el ajuste de su estatus cuando estaba en Estados Unidos, solo debe pagar la tarifa de presentación del Formulario I-485, Solicitud de Registro de Residencia Permanente o Ajuste de Estatus, y no la Tarifa de Inmigrante de USCIS.

Si usted es residente permanente y tiene 18 años de edad o más, debe llevar consigo evidencia de su estatus migratorio. Deberá presentarla ante cualquier oficial de inmigración o agente del orden público que se la pida. Su Tarjeta de Residente Permanente puede tener una validez de hasta 10 años, y debe renovarla antes de que venza o si cambia de nombre. Para reemplazar o renovar su Tarjeta de Residente Permanente, debe presentar el Formulario I-90, Solicitud para Reemplazar la Tarjeta de Residente Permanente. Es necesario pagar una tarifa al presentar el Formulario I-90. Usted puede obtener este formulario en el sitio web **www.uscis.gov/es**, o llamar a la Línea de Petición de Formularios de USCIS al 1-800-870-3676 para recibirlo. Si es residente permanente condicional (CR, por sus siglas en inglés) por matrimonio o iniciativa empresarial, la tarjeta que se le expidió tiene una validez de dos años. No utilice el Formulario I-90 para solicitar una extensión o una renovación de su estatus. En lugar de ello, solicite la cancelación de las condiciones de residencia antes del vencimiento de su tarjeta. Consulte las instrucciones sobre cómo cancelar las condiciones relativas al estatus de su residencia permanente en la página 19.

Su Tarjeta de Residente Permanente demuestra que tiene el derecho de residir y trabajar en Estados Unidos. También puede utilizarla para reingresar en el país después de haber viajado al extranjero. Si ha estado fuera de Estados Unidos durante más de 12 meses, deberá presentar documentación adicional para reingresar como residente permanente. Para obtener más información acerca de dicha documentación, consulte la página 17.

Cómo conservar su estatus de residente permanente

Después de haber obtenido su estatus de residente permanente, conservará dicho estatus a menos que este cambie por alguna de las razones establecidas en la Ley de Inmigración de Estados Unidos. Una de las razones por las que puede perder su estatus de residente permanente es si lo abandona. Usted abandona su estatus de residente permanente si sale de Estados Unidos para vivir de forma permanente en el extranjero con la intención de renunciar a su estatus de residente permanente. Su conducta demostrará sus intenciones reales. Hay medidas que puede tomar para reducir la posibilidad de que el gobierno de Estados Unidos determine que ha abandonado su estatus:

- No salga de Estados Unidos durante un período prolongado, a menos que las circunstancias demuestren que su viaje tiene un propósito temporal (por ejemplo, estudiar, ocupar un empleo temporal o cuidar de un familiar). Si está fuera del país durante un año o más, no puede utilizar su Tarjeta de Residente Permanente para reingresar en Estados Unidos.

- Si sucede algo que demora su regreso, esté listo para explicar las razones de la demora.

- Presente las declaraciones federales y, si es pertinente, las declaraciones estatales y locales de sus impuestos sobre ingresos.

- Inscríbase en el Servicio Selectivo, si es varón y tiene entre 18 y 26 años de edad.

- Comunique a USCIS su nueva dirección dentro de los diez días posteriores a cada mudanza.

Proteja los documentos importantes

Guarde en un lugar seguro los documentos importantes que trajo de su país de origen. Estos documentos incluyen, por ejemplo, pasaporte, certificado de nacimiento, certificado de matrimonio, certificado de divorcio, diplomas que comprueben que usted se graduó de la escuela secundaria o de una institución de educación superior y certificados que demuestren que tiene capacitación o aptitudes especiales.

Conserve su estatus migratorio

Algunos inmigrantes creen que pueden vivir en el extranjero y conservar su estatus de residente permanente siempre y cuando regresen a Estados Unidos al menos una vez al año; sin embargo, esta es una suposición incorrecta. Viajar una vez al año a Estados Unidos tal vez no sea suficiente para conservar su estatus. Los residentes permanentes pueden viajar al extranjero, y si los viajes son temporales o breves, por lo general, no se afecta su estatus de residente permanente. Si abandona el país durante mucho tiempo o indica de alguna otra manera que no tiene la intención de hacer de Estados Unidos su patria permanente, el gobierno de EE. UU. podría determinar que abandonó su estatus de residente permanente. Eso también puede suceder si hace un viaje que dure entre seis y doce meses, y si hay evidencia de que no tenía la intención de hacer de Estados Unidos su patria permanente.

Si usted no ha estado en el extranjero durante un año o más, puede utilizar su Tarjeta de Residente Permanente como documento de viaje para regresar al país. Si usted cree que estará fuera de Estados Unidos durante más de 12 meses, deberá solicitar un permiso de reingreso **antes** de viajar. Para ello, llene el Formulario I-131, Solicitud de Documento de Viaje. Es necesario pagar una tarifa para presentar el Formulario I-131. Puede obtener el Formulario I-131 en el sitio web **www.uscis.gov/es**, o llamar a la Línea de Petición de Formularios de USCIS al 1-800-870-3676.

El permiso de reingreso es válido durante un período máximo de dos años. En un puerto de entrada, usted podrá presentar el permiso de reingreso en lugar de una visa o una Tarjeta de Residente Permanente. Poseer un permiso de reingreso no le garantiza la admisión a Estados Unidos a su regreso, pero sí puede facilitar el proceso para comprobar que está regresando de una visita temporal fuera del país. Si desea obtener más información acerca de viajes internacionales como residente permanente, visite **www.uscis.gov/es**.

También debe ser consciente de que, independientemente de si abandonó su estatus de residente permanente o no, deberá pasar una inspección completa de inmigración como solicitante de admisión en cualquier ocasión en la que haya estado en el extranjero durante al menos 181 días, o en otras situaciones que se especifican en la ley de inmigración.

Presente declaraciones de impuestos

Como residente permanente, usted tiene la obligación de presentar su declaración anual de impuestos federales y de declarar sus ingresos ante el Servicio de Impuestos Internos (IRS, por sus siglas en inglés), así como ante el departamento de impuestos estatal, municipal o local, si es pertinente. Si usted no presenta sus declaraciones de impuestos federales mientras está fuera de Estados Unidos durante cualquier período, o si declara en ellas que no es inmigrante, el gobierno de Estados Unidos puede determinar que ha renunciado a su estatus de residente permanente.

Inscríbase en el Servicio Selectivo

Todos los varones de entre 18 y 26 años de edad deben inscribirse en el Servicio Selectivo. Es posible que a los varones que hayan obtenido su visa de inmigrante o hayan ajustado su estatus al llegar a dicha edad se los haya inscrito de manera automática en el Servicio Selectivo. De ser así, debería haber recibido información por correo postal donde se le indique que está inscrito. Si no está seguro de estar inscrito, hable con algún representante del Servicio Selectivo que pueda revisar su registro. También puede consultar el sitio web del Servicio Selectivo en **www.sss.gov**. Con su inscripción, usted le informa al gobierno que está en condiciones de ingresar en las Fuerzas Armadas de Estados Unidos. Estados Unidos no cuenta en la actualidad con servicio militar obligatorio. No obstante, la inscripción es obligatoria para los hombres de entre 18 y 26 años de edad. Los residentes permanentes y los ciudadanos estadounidenses no están obligados a prestar servicio en las Fuerzas Armadas; lo harán solo si así lo desean.

Usted puede inscribirse para el servicio militar en una oficina de correos de Estados Unidos o por Internet. Para inscribirse en el Servicio Selectivo por Internet, visite el Sistema del Servicio Selectivo, en **www.sss.gov**. Para comunicarse por teléfono con sus oficinas, llame al 847-688-6888. La llamada no es gratuita.

También puede encontrar información en el sitio web de USCIS, en **www.uscis.gov**.

Notifique su nueva dirección a USCIS

Si cambia de dirección, debe notificar el cambio a USCIS. Presente un Formulario AR-11, Cambio de Dirección, dentro de los 10 días posteriores a su mudanza. Para obtener información sobre la presentación de un cambio de dirección, visite el sitio web de USCIS, **www.uscis.gov/es/cambiodireccion**, o llame al Centro Nacional de Servicio al Cliente al 1-800-375-5283. **Cada vez** que cambie de dirección, debe notificar el cambio a USCIS.

Para obtener más información, llame a USCIS al 1-800-375-5283 o visite **www.uscis.gov/es**.

Si es residente permanente condicional

Es posible que esté en Estados Unidos como residente permanente condicional. Los residentes condicionales son personas que han estado casadas durante menos de dos años con un cónyuge ciudadano estadounidense o residente permanente desde el día en el que se le concedió su estatus de residente permanente. Si tiene hijos, a ellos posiblemente también se los considere residentes permanentes condicionales. Consulte las instrucciones del Formulario I-751, Petición para Cancelar Condiciones en la Residencia, para conocer el procedimiento y solicitar la cancelación de las condiciones de residencia en el caso de menores de edad. A algunos inversionistas inmigrantes también se los considera residentes permanentes condicionales.

Los residentes permanentes condicionales tienen los mismos derechos y responsabilidades que las personas con residencia permanente. Mientras que los residentes permanentes condicionales deben presentar el Formulario I-751 para cancelar las condiciones de la residencia, los inversores inmigrantes deben presentar el Formulario I-829, Petición de Empresario para Cancelar Condiciones, **dentro** de los dos años posteriores a la fecha en que obtuvieron su estatus de residente permanente condicional. Esa fecha suele ser la fecha de vencimiento de su Tarjeta de Residente Permanente. Es necesario presentar estos formularios **dentro** de un plazo de 90 días **antes** de que se cumpla el segundo aniversario de la fecha en que usted obtuvo su residencia permanente condicional. Si no lo hace, podría perder su estatus migratorio.

Cómo llenar el Formulario I-751 con su cónyuge

Si usted es una persona con residencia condicional e inmigró debido a su matrimonio con un ciudadano estadounidense o con un residente permanente, entonces, deberá presentar en forma conjunta con su cónyuge el Formulario I-751 para poder eliminar las condiciones de su estatus de residente permanente.

En ciertos casos, no es necesario presentar el Formulario I-751 en forma conjunta con su cónyuge. Si su matrimonio se ha disuelto o si su cónyuge ha abusado de usted, podrá presentar el Formulario I-751 de manera independiente. También puede presentarlo por cuenta propia en caso de que su deportación de Estados Unidos pudiera llegar a generarle dificultades extremas. Si no presenta el Formulario I-751 en forma conjunta con su cónyuge, puede presentarlo en cualquier momento después de haber recibido su residencia permanente condicional.

Presentación de los Formularios I-751 e I-829 de USCIS

Quiénes: residentes permanentes condicionales.

Por qué: el estatus de residente permanente condicional se vence dos años **después** de la fecha en que se le otorgó.

Cuándo: los residentes permanentes condicionales que presenten sus formularios junto con su cónyuge deben presentar el Formulario I-751. Los inversionistas inmigrantes deben presentar el Formulario I-829. Ambos formularios deben presentarse dentro de un plazo de 90 días **antes** de que se venza el estatus de residente permanente condicional. La fecha de vencimiento aparece en la Tarjeta de Residente Permanente.

Dónde se puede obtener el formulario: puede obtener el formulario en **www.uscis.gov/es/formularios** o llamar a la Línea de Petición de Formularios de USCIS al 1-800-870-3676.

A dónde debe enviarse el formulario: envíelo a un Centro Nacional de Servicio al Cliente de USCIS. Las direcciones de dichos centros aparecen en las instrucciones del formulario.

Cuánto cuesta: para presentar el Formulario I-751 o el Formulario I-829, es necesario pagar tarifas de presentación. Antes de presentar el formulario, verifique las tarifas de presentación más recientes de USCIS en **www.uscis.gov/es/formularios/tarifas-de-presentacion**.

Si usted presenta el Formulario I-751 o el Formulario I-829 a tiempo, por lo general, USCIS le enviará una notificación que extiende su estatus de residente condicional durante 12 meses como máximo. Durante este período, USCIS revisará su solicitud.

Si es víctima de abuso doméstico

Si usted es víctima de abuso o violencia doméstica, puede obtener ayuda por medio de la Línea Nacional de Atención Rápida para Casos de Violencia Doméstica. Para ello, llame al 1-800-799-7233 o al 1-800-787-3224 (si tiene discapacidades auditivas). Se ofrece ayuda en español y en otros idiomas.

La Ley sobre la Violencia contra la Mujer permite a cónyuges e hijos que sean víctimas de abuso cometido por ciudadanos estadounidenses o residentes permanentes solicitar la residencia permanente por cuenta propia. Para obtener más información, consulte **www.uscis.gov/es** o llame a la Línea Nacional de Atención Rápida para Casos de Violencia Doméstica.

CONSEJO

Conserve varias copias de todos los formularios que envíe a USCIS y a otras oficinas gubernamentales. Envíe copias, no documentos originales. En ocasiones, los formularios se pueden perder, por lo que conservar copias puede evitarle problemas.

Cómo obtener ayuda legal

Si necesita ayuda con un asunto de inmigración, puede utilizar los servicios de un abogado de inmigración con licencia. Usted puede consultar al colegio de abogados local para identificar a un abogado que reúna estos requisitos.

Algunos estados expiden certificados a abogados especializados en leyes de inmigración. Dichos abogados han aprobado exámenes que demuestran que poseen conocimientos especiales sobre las leyes de inmigración. En la actualidad, los siguientes estados publican las listas de especialistas certificados en los sitios web de colegios de abogados estatales: California, Florida, Carolina del Norte y Texas. Nota: es su responsabilidad decidir si contrata a un abogado o no. USCIS no apoya ni recomienda a ningún abogado en particular.

Si necesita ayuda legal con un asunto de inmigración pero no tiene suficiente dinero para obtener ayuda legal, existen algunas opciones de ayuda gratis o a bajo costo. Considere la posibilidad de pedir ayuda en uno de los siguientes lugares:

- **Organizaciones reconocidas:** estas son organizaciones reconocidas por la Junta de Apelaciones de Inmigración (BIA, por sus siglas en inglés). Para que una organización sea reconocida, debe tener los conocimientos y la experiencia suficientes para prestar servicios a inmigrantes. Las organizaciones acreditadas pueden cobrar o aceptar solo tarifas muy bajas por estos servicios. En **www. justice.gov/eoir/recognition-accreditation-roster-reports**, podrá obtener una lista de las organizaciones reconocidas por la Junta de Apelaciones de Inmigración.

- **Representantes acreditados:** estas son personas vinculadas con las organizaciones reconocidas por la Junta de Apelaciones de Inmigración. Los representantes acreditados pueden cobrar o aceptar solo tarifas muy bajas por sus servicios. En **www.justice.gov/eoir/recognition-accreditation-roster-reports**, podrá obtener una lista de los representantes acreditados por la Junta de Apelaciones de Inmigración.

- **Representantes cualificados:** estas son personas que prestan servicios gratis. Los representantes cualificados deben conocer las leyes de inmigración y las normas de procedimiento en los tribunales. Los representantes cualificados pueden ser, por ejemplo, estudiantes o graduados de la carrera de derecho, con buen carácter moral, que tienen alguna relación personal o profesional con usted (familiar, vecino, miembro del clero, compañero de trabajo, amigo).

- **Proveedores de servicios legales gratuitos:** el Departamento de Justicia cuenta con una lista de proveedores de servicios legales gratuitos para personas que atraviesan procesos judiciales de inmigración. Esta es una lista de abogados y organizaciones legales dispuestas a representar a inmigrantes ante los tribunales de inmigración. Los abogados y las organizaciones de la lista han acordado ayudar a los inmigrantes *pro bono* (gratis), solo en procesos de inmigración. Algunos quizá no puedan ayudarlo con asuntos no relacionados con los tribunales, como solicitudes de visa, naturalización, etc. La lista puede obtenerse en **www.justice.gov/eoir/free-legal-services-providers**.

- **Programa** *Pro Bono*: por lo general, en cada oficina local de USCIS hay listas de organizaciones locales reconocidas y sus representantes, que ofrecen servicios *pro bono*.

Para obtener más información sobre cómo encontrar servicios legales, visite **www.uscis.gov/es/evite-estafas/encuentre-servicios-legales**.

Protéjase de los fraudes de inmigración

Muchos profesionales en temas de inmigración cuentan con las acreditaciones correspondientes, son honestos y pueden brindar servicios adecuados a los inmigrantes. No obstante, hay algunas personas que se aprovechan de ellos.

Antes de que decida buscar asesoramiento sobre asuntos de inmigración y antes de que gaste su dinero, debe investigar para poder tomar la decisión correcta con respecto al tipo de ayuda legal que necesita. Evite convertirse en víctima del fraude de inmigración.

Detalles importantes que debe recordar:

- Ninguna organización privada ni persona particular que ofrezca ayuda en asuntos de inmigración mantiene una relación especial con USCIS. Si una persona le hace promesas que suenan demasiado buenas para ser ciertas o le asegura que tiene una relación especial con USCIS, interrogue a esa persona. No confíe en personas que le garanticen buenos resultados o una tramitación más rápida. Si usted no cumple con los requisitos para recibir un beneficio de inmigración, ningún abogado o asesor podrá cambiar ese hecho.

LA AYUDA EQUIVOCADA PUEDE PERJUDICARLE
EVITE LAS ESTAFAS DE INMIGRACIÓN.

- Algunos asesores, agencias de viajes, oficinas de bienes raíces y personas denominadas "notarios públicos" ofrecen servicios de inmigración. Haga preguntas sobre sus certificaciones y pida ver las copias de las cartas de acreditación de la Junta de Apelaciones de Inmigración o de los certificados del colegio de abogados. Algunas personas que dicen estar autorizadas para ofrecer servicios legales no lo están. Dichas personas pueden cometer errores que podrían poner en riesgo su estatus migratorio y provocarle serios problemas.

- Si decide contratar a alguien como asesor o representante legal en asuntos de inmigración, obtenga un contrato por escrito. El contrato debe estar redactado en inglés y en su idioma nativo (si el inglés no es su idioma nativo). El documento deberá enumerar todos los servicios que se le prestarán y su costo. Antes de firmar el contrato, pida referencias.

- Evite pagar los servicios en efectivo. Asegúrese de obtener un recibo de pago, y de conservar sus documentos originales.

- Nunca firme un formulario o una solicitud en blanco. Asegúrese de haber comprendido qué es lo que está firmando.

Para obtener más información sobre cómo protegerse para evitar ser víctima de fraude de inmigración, visite **www.uscis.gov/eviteestafas**.

Si un asesor en asuntos de inmigración lo estafa, busque ayuda. Llame a la oficina del fiscal estatal o local, al Departamento de Asuntos del Consumidor o al cuartel de policía local. También puede comunicarse con la Comisión Federal de Comercio (FTC, por sus siglas en inglés) para denunciar el ejercicio no autorizado del derecho de inmigración. Para ello, visite **www.ftccomplaintassistant.gov**.

Consecuencias de actos delictivos cometidos por residentes permanentes

La sociedad de Estados Unidos es una sociedad regida por leyes. Los residentes permanentes del país tienen la obligación de obedecer todas las leyes. Si usted es residente permanente y comete un delito o lo declaran culpable de un delito en Estados Unidos, puede tener serios problemas. Es posible que se lo expulse del país, que no se le permita reingresar en Estados Unidos si sale del país, que pierda su estatus de residente permanente y, en ciertas circunstancias, que pierda su elegibilidad para obtener la ciudadanía estadounidense.

Entre los ejemplos de delitos que pueden afectar su estatus de residente permanente se encuentran los siguientes:

- actos delictivos definidos como delitos mayores con circunstancias agravantes, entre los que se incluyen los delitos violentos, que son delitos graves que tienen una sanción de un año de prisión

- asesinato

- violación sexual

- agresión sexual contra un menor de edad

- tráfico ilegal de drogas, armas de fuego o personas y

- delitos de conducta inmoral, definidos en general como delitos cometidos con la intención de robar o estafar; delitos que causan lesiones físicas o generan amenazas de lesiones físicas; delitos que causan lesiones físicas de gravedad debido a negligencia intencional; o delitos de conducta sexual inapropiada.

También hay consecuencias serias para usted como residente permanente si:

- Miente para obtener beneficios de inmigración para usted u otra persona

- Dice ser ciudadano estadounidense cuando no lo es

- Vota en elecciones federales, locales o estatales en las que solo pueden participar los ciudadanos estadounidenses

- Es un alcohólico habitual o una persona que se emborracha o consume drogas ilegales la mayor parte del tiempo

- Ha contraído matrimonio con más de una persona a la vez

- No mantiene a su familia ni paga la manutención de sus hijos o de su cónyuge como se le ha ordenado

- Es arrestado por violencia doméstica (violencia doméstica es todo ataque o acoso a un familiar, lo que incluye violaciones de órdenes de protección)

- Miente o presenta documentos falsos para recibir beneficios públicos o estafar a alguna agencia gubernamental

- No presenta sus declaraciones de impuestos como se requiere

- Si es varón y tiene entre 18 y 26 años de edad, y, a sabiendas, no se inscribe en el Servicio Selectivo

- Ayuda a ingresar de manera ilegal en Estados Unidos a una persona que no es un ciudadano estadounidense por nacimiento o naturalización, aun cuando esa persona es un familiar cercano y aun cuando no reciba pago alguno por hacerlo.

Si usted ha cometido un delito o se lo ha declarado culpable de un delito, debe consultar a un abogado de inmigración de buena reputación o a una organización comunitaria que preste servicios legales a inmigrantes antes de solicitar otro beneficio de inmigración. Consulte la información sobre cómo obtener ayuda legal en la página 21.

Cómo establecerse en los Estados Unidos de América

En esta sección, proporcionamos información que puede ayudarlo a adaptarse a la vida en Estados Unidos. Aprenderá cómo obtener un número de Seguro Social, encontrar un lugar para vivir, buscar empleo, encontrar personas dedicadas al cuidado de niños y viajar dentro de Estados Unidos.

Cómo obtener un número de Seguro Social

Como residente permanente, usted cumple con los requisitos para obtener un número de Seguro Social, que es un número que le asigna el gobierno de Estados Unidos. Dicho número ayuda al gobierno a mantenerse informado sobre sus ingresos y los beneficios que usted puede recibir. Es posible que dicho número se le pida cuando intente alquilar un apartamento o comprar una vivienda. También las instituciones financieras y otras agencias, como, por ejemplo, las instituciones educativas, utilizan su número de Seguro Social para identificarlo.

El Seguro Social es un programa del gobierno de Estados Unidos que ofrece beneficios a ciertos trabajadores jubilados y a sus familias, a ciertos trabajadores discapacitados y a sus familias, y a ciertos familiares de trabajadores fallecidos. La agencia del gobierno encargada del Seguro Social es la Administración del Seguro Social.

Para encontrar la oficina de esta agencia más cercana a su domicilio, haga lo siguiente:

- Ingrese al sitio web de la Administración del Seguro Social: **www.socialsecurity.gov**. Para obtener información en español, visite **www.segurosocial.gov/espanol**. El sitio web también cuenta con información limitada en otros idiomas.

- Llame al 1-800-772-1213 o al 1-800-325-0778 (si tiene discapacidades auditivas) de 7 a. m. a 7 p. m. Tendrá a su disposición servicios de interpretación gratuitos.

Si no habla inglés

La Administración del Seguro Social puede ofrecerle servicios de interpretación gratuitos para ayudarlo a solicitar su número de Seguro Social. Cuando llame a la Administración del Seguro Social, dígale a la persona que responda el teléfono que usted no habla inglés. Esa persona buscará un intérprete que pueda ayudarlo. También puede obtener servicios de interpretación cuando visite una oficina del Seguro Social.

El sitio web de la Administración del Seguro Social contiene información útil para personas recién llegadas a Estados Unidos. En la sección *Other Languages* (Otros idiomas), se ofrece información acerca del Seguro Social en varios idiomas. Visite **www.socialsecurity.gov**. Para obtener información en español, consulte **www.segurosocial.gov/espanol**.

Usted **no** necesita llenar una solicitud, ni ir a una oficina del Seguro Social para obtener un número de Seguro Social si cumple con **todas** las condiciones siguientes:

- Solicitó su número o tarjeta de Seguro Social cuando solicitó su visa de inmigrante

- Presentó su solicitud de una visa de inmigrante en octubre de 2002 o después

- Tenía 18 años de edad o más cuando llegó a Estados Unidos.

En estos casos, el Departamento de Estado y el Departamento de Seguridad Nacional envían a la Administración del Seguro Social la información necesaria para asignarle su número de Seguro Social. La Administración del Seguro Social le asignará su número de Seguro Social y le enviará su tarjeta de Seguro Social por correo a la misma dirección postal estadounidense a la que USCIS le envía su Tarjeta de Residente Permanente. Debe recibir su tarjeta de Seguro Social dentro de las tres semanas posteriores a su llegada a Estados Unidos. Si no recibe su tarjeta dentro de dicho plazo, comuníquese de inmediato con la Administración del Seguro Social. Asimismo, comuníquese con la Administración del Seguro Social si cambia su dirección postal **después** de haber llegado, pero **antes** de recibir su tarjeta de Seguro Social.

Usted **debe** ir a una oficina del Seguro Social para obtener un número de Seguro Social si cumple con **alguna** de las condiciones siguientes:

- No solicitó un número o una tarjeta de Seguro Social cuando presentó su solicitud para una visa de inmigrante

- Presentó la solicitud para su visa de inmigrante antes de octubre de 2002

- Tenía menos de 18 años de edad cuando llegó a Estados Unidos.

Un oficial de la Administración del Seguro Social lo ayudará a solicitar su número de Seguro Social. Cuando vaya a una oficina del Seguro Social a solicitar su número, traiga con usted los siguientes documentos:

- Su certificado de nacimiento u otro documento, como su pasaporte, que indique el lugar y la fecha de su nacimiento

- Un documento que muestre su estatus migratorio, incluido su permiso para trabajar en Estados Unidos. Este documento puede ser su Tarjeta de Residente Permanente o su pasaporte con un sello de inmigración o una etiqueta de visado.

La Administración del Seguro Social le enviará su número de Seguro Social por correo postal. Deberá recibir su tarjeta de Seguro Social aproximadamente dos semanas después de que la Administración del Seguro Social haya recibido todos los documentos necesarios para tramitar su solicitud. Si la Administración del Seguro Social necesita verificar alguno de sus documentos, es posible que pase más tiempo hasta que reciba su número de Seguro Social.

Cómo encontrar vivienda

Usted puede escoger el sitio donde desee vivir en Estados Unidos. Muchas personas se hospedan con amigos o familiares cuando llegan al país. Otras se mudan a su propia vivienda.

En este país, la mayoría de las personas destina aproximadamente el 25% de sus ingresos a cubrir sus gastos de vivienda. Las siguientes son algunas opciones de vivienda que puede considerar.

Alquilar una vivienda

Es posible alquilar apartamentos y casas. Hay distintas maneras de encontrar una vivienda:

- Busque edificios con letreros que anuncien *Apartment Available* (Apartamento disponible) o *For Rent* (Se alquila)

- Pregunte a amigos, familiares y compañeros de trabajo si conocen inmuebles en alquiler

- Busque letreros que digan *For Rent* (Se alquila) en espacios públicos, tales como tablones de anuncios en bibliotecas, tiendas de comestibles y centros comunitarios

- Busque inmuebles en alquiler por Internet. Si no tiene una computadora en su hogar, puede utilizar una en la biblioteca pública local

- Busque en las páginas amarillas de la guía telefónica bajo *Property Management* (Administración de propiedades). Estas son empresas que alquilan apartamentos y casas. Es posible que le cobren una tarifa por ayudarlo a encontrar una vivienda.

- Busque en la sección de avisos clasificados del periódico. Consulte las listas tituladas *Apartments for Rent* (Apartamentos en alquiler) y *Homes for Rent* (Casas en alquiler). Allí encontrará información sobre casas y apartamentos en alquiler.

- Llame a agentes de bienes raíces.

Llame al 311 para obtener información sobre los servicios que ofrece su ciudad o pueblo

En muchas ciudades o pueblos, usted puede llamar al 311 para obtener servicios gubernamentales que no sean de emergencia. Por ejemplo, puede llamar para hacer una consulta sobre la recolección de basura o solicitar que reparen su acera. Algunos lugares no cuentan con servicios de 311. Llame al gobierno local de su ciudad o de su pueblo para determinar si el 311 se encuentra disponible en su zona.

Qué puede esperar cuando alquila una vivienda

En esta sección, se esbozan las diferentes etapas que podría atravesar antes de mudarse a su nueva vivienda. Para obtener más información, visite **www.hud.gov**. Para obtener información en español, consulte **www.espanol.hud.gov**.

Solicitar un alquiler: a las personas que viven en viviendas alquiladas se les llama "inquilinos". Como inquilino, usted alquila una vivienda directamente al propietario (el dueño de la propiedad) o mediante un administrador de bienes raíces (una persona responsable de la propiedad). Los propietarios o los administradores de bienes raíces podrían pedirle que llene un formulario de solicitud de alquiler para verificar si usted tiene dinero para pagar el alquiler.

En el formulario de solicitud de alquiler, se le podría pedir su número del Seguro Social y una constancia de empleo. Si todavía no tiene número de Seguro Social, puede utilizar su Tarjeta de Residente Permanente o presentar un talonario de pago de su empleo para demostrar que tiene trabajo. Es posible que se le cobre una pequeña tarifa por la solicitud.

Si usted aún no tiene empleo, es posible que sea necesario que otra persona firme el contrato de alquiler con usted. A esta persona se la llama "cosignatario". Si no puede pagar el alquiler, el cosignatario es el responsable de pagarlo.

Firmar el contrato de alquiler: si el propietario acuerda alquilarle la vivienda que usted solicita, usted tendrá que firmar un acuerdo o contrato de alquiler. Los contratos de alquiler son documentos legales. Con su firma, se compromete a pagar su alquiler en tiempo y forma, y a vivir en el lugar durante un período específico. La mayoría de estos contratos son de un año. También es posible alquilar una vivienda durante períodos más cortos, como, por ejemplo, un mes. En los contratos de alquiler a corto plazo, el alquiler puede ser más costoso.

Con su firma, usted se compromete a mantener la vivienda limpia y en buenas condiciones. Si causa daños en la vivienda alquilada, es posible que tenga la obligación de pagar por ellos. El contrato puede especificar también el número de personas que podrán ocupar la vivienda.

Pagar el depósito de garantía: los inquilinos suelen tener que pagar un depósito de garantía antes de mudarse a la vivienda. Dicho depósito suele ser equivalente al costo del alquiler de un mes. Si usted deja la vivienda limpia y en buenas condiciones, se le devolverá el depósito cuando se mude. De lo contrario, el propietario puede retener una parte o el total del depósito para pagar el costo de limpieza o la reparación.

Inspeccione la casa o el apartamento **antes** de entrar a vivir en él. Informe al propietario sobre cualquier problema que encuentre. **Antes** de dejar la propiedad, pregúntele al propietario qué debe reparar o limpiar, de modo que tenga la posibilidad de que se le devuelva el monto total del depósito de garantía.

Pagar otros costos de alquiler: en algunas casas o apartamentos, el pago del alquiler incluye el costo de los servicios públicos, tales como gas, electricidad, calefacción, agua y recolección de basura. En otras, estos gastos se cobran por separado. Cuando esté buscando vivienda, pregúntele al propietario si el alquiler incluye algún servicio público. Si se incluyen servicios públicos, asegúrese de que esa información aparezca en el contrato de alquiler antes de firmarlo. Si no se incluyen, averigüe cuánto le costarán antes de firmar el contrato. El costo de algunos servicios públicos puede ser mayor durante el verano (por el aire acondicionado) o durante el invierno (por la calefacción). También puede adquirirse lo que se suele llamar "seguros para inquilinos". Dichos seguros protegen los bienes personales, cubren responsabilidades y pueden cubrir gastos adicionales de vivienda si la casa o el apartamento que usted alquila se destruye o sufre daños.

Terminar el contrato de alquiler: a la finalización del contrato de alquiler se le llama "terminación de su contrato de alquiler". Si necesita cancelar su contrato de alquiler antes de lo esperado, es posible que tenga que pagar su alquiler mensual hasta el final del contrato, incluso cuando no esté viviendo en la propiedad. Si se muda antes de la fecha de vencimiento del contrato, puede también perder su depósito de garantía. Antes de mudarse, notifique por escrito a su propietario que usted dejará la propiedad. La mayoría de los propietarios exigen que se les notifique por lo menos 30 días antes de la fecha programada para la mudanza. Antes de firmar el contrato de alquiler, asegúrese de entender los términos y pregunte con cuánta antelación debe avisar al propietario antes de abandonar la vivienda.

Análisis de reparaciones de la vivienda con el propietario

Los propietarios tienen la obligación de mantener la casa o el apartamento que usted alquila en condiciones óptimas y seguras. Si necesita alguna reparación en su vivienda:

- Antes que nada, hable con el propietario. Háblele sobre el problema y dígale que necesita arreglarlo. Si el propietario no responde, escríbale una carta para notificarle sobre el problema. Conserve una copia de la carta.

- Si el propietario sigue sin responder a su pedido, puede llamar a la Oficina de la Vivienda local. La mayoría de los gobiernos municipales o locales cuentan con personal para inspeccionar viviendas. Pídale al personal de la oficina que envíe un inspector para que visite su vivienda. Muéstrele al inspector el problema.

- Por último, si el propietario no resuelve el problema, usted puede presentar cargos en su contra.

CONSEJO

Si se muda, comunique su nueva dirección al Servicio Postal de Estados Unidos para que le envíen su correspondencia a esa dirección. Para cambiar su dirección por Internet, visite **www.usps.com/umove** o vaya a su oficina de correos local. Además, recuerde presentar el Formulario AR-11, Cambio de Dirección, ante USCIS. Consulte las instrucciones en la página 19.

Conozca sus derechos: la discriminación en asuntos de vivienda está prohibida

Los propietarios no pueden negarse a alquilarle una propiedad basándose en quién es usted. Es ilegal que alguien se niegue a alquilarle una propiedad debido a alguna de estas causas:

- su etnia o color
- su nacionalidad de origen
- su religión
- su género
- una discapacidad
- su estado civil

Si piensa que se le ha negado alquilar una propiedad por alguna de las razones mencionadas, llame al Departamento de Vivienda y Desarrollo Urbano de Estados Unidos al 1-800-669-9777 o al 1-800-927-9275 (si tiene discapacidades auditivas). También puede presentar una queja en la sección *Fair Housing* (Vivienda justa) de **www.hud.gov**. Hay información disponible en varios idiomas.

Comprar una vivienda

Para muchas personas, tener una vivienda propia forma parte de la vida que soñó en Estados Unidos. Poseer una vivienda ofrece muchos beneficios, pero también conlleva muchas responsabilidades.

Los agentes de bienes raíces pueden ayudarlo a encontrar una vivienda para comprar. Pregúnteles a sus amigos o compañeros de trabajo si pueden recomendarle un agente, o llame a una agencia de bienes raíces local y pida el nombre de uno. Pida que lo atienda un agente que esté familiarizado con la zona en la que usted desea comprar su vivienda. Hay muchas maneras de buscar bienes raíces, por ejemplo, en Internet, en la sección de avisos clasificados del periódico o en letreros que anuncien *For Sale* (Se vende) en los vecindarios que le gustan.

La mayoría de las personas necesitan obtener un préstamo para comprar una vivienda. A ese préstamo se le llama "préstamo hipotecario". Puede obtener un préstamo hipotecario mediante un banco local o una empresa de hipotecas. Obtener un préstamo hipotecario significa que usted pide prestado dinero a una tasa de interés específica durante un período específico.

Los intereses que usted paga por su hipoteca pueden deducirse de su declaración federal de impuestos sobre ingresos.

Es necesario que usted compre una póliza de seguro que lo ayude a pagar cualquier daño que su propiedad sufra en el futuro. Este seguro suele cubrir daños causados por condiciones climáticas adversas, un incendio o un robo. Necesitará también pagar impuestos sobre la propiedad, los cuales se basan en el valor de su vivienda.

Los agentes de bienes raíces o los abogados pueden ayudarlo a encontrar un préstamo hipotecario y un seguro. También pueden ayudarlo a llenar los formularios para la compra de la vivienda. Los agentes de bienes raíces no deberían cobrarle una tarifa por comprar una vivienda, pero es posible que deba pagar una tarifa al abogado de bienes raíces que lo ayude a llenar los formularios. También tendrá que pagar tarifas por obtener su préstamo hipotecario y por presentar los documentos legales ante el estado. A estas tarifas se las llama "costos de cierre". Su agente de bienes raíces o la empresa hipotecaria deberán informarle el monto de estas tarifas antes de que usted firme los documentos finales para la compra de su vivienda. Para obtener ayuda en la búsqueda de un agente de bienes raíces, encontrar un préstamo o escoger un seguro, visite la sección *Buying a Home* (Comprar una vivienda) de **www.hud.gov**.

CONSEJO

Protéjase del fraude en los préstamos o de las compañías de préstamos que cobran tasas de interés muy elevadas sobre préstamos hipotecarios. Es posible que algunas compañías de préstamos traten de aprovecharse de usted cobrándole cantidades mayores debido a que usted es nuevo en el país. Existen leyes que lo protegen de los fraudes, los gastos innecesarios y la discriminación en asuntos relacionados con la compra de una vivienda. Para obtener más información sobre préstamos fraudulentos y consejos sobre cómo evitarlos, visite la sección *Buying a Home* (Comprar una vivienda) de **www.hud.gov**.

Más información sobre la compra o el alquiler de una vivienda

Visite la sección *Buying a Home* (Comprar una vivienda) en el sitio web del Departamento de Vivienda y Desarrollo Urbano de Estados Unidos en **www.hud.gov**. También puede llamar a un asesor de vivienda al teléfono del Departamento de Vivienda y Desarrollo Urbano al 1-800-569-4287. La información está disponible en inglés y en español.

Podrá encontrar otros recursos útiles en el Centro Federal de Información para Ciudadanos en **http://publications.usa.gov**.

Cómo buscar un empleo

Hay muchas maneras de buscar empleo en Estados Unidos. Para aumentar sus posibilidades de encontrar empleo, usted puede:

- Preguntar a sus amigos, vecinos, familiares u otras personas en su comunidad acerca de oportunidades de empleo o buenos lugares para trabajar

- Buscar empleo en Internet. Si utiliza una computadora de la biblioteca, pídale al personal que lo ayude a iniciar su búsqueda

- Buscar letreros que anuncien empleos en las vidrieras de las tiendas locales

- Visitar las oficinas de empleo o de recursos humanos de empresas de su comunidad para preguntar si hay puestos vacantes

- Visitar las agencias comunitarias que ayudan a los inmigrantes a encontrar empleo o administran programas de capacitación laboral

- Revisar los tablones de anuncios públicos de bibliotecas, tiendas de comestibles y centros comunitarios locales para ver si hay avisos de puestos vacantes

- Consultar al departamento de servicios laborales de su estado o zona

- Buscar en la sección de empleo de los avisos clasificados del periódico.

CONSEJO

Mientras esté buscando empleo, es posible que se enfrente a estafas laborales. Aunque muchas empresas que ofrecen servicios de contratación son legítimas y útiles, otras pueden dar una imagen falsa de los servicios que ofrecen, promover ofertas laborales desactualizadas o falsas, o cobrar elevadas tarifas por anticipado por servicios que no son garantía de que usted obtenga empleo. Para obtener más información, visite **www.ftc.gov/jobscams**.

Solicitar un empleo

La mayoría de las empresas le pedirán que llene una solicitud de empleo. Este es un formulario con preguntas sobre su dirección, su educación y su experiencia laboral. También es posible que le pidan información sobre las personas con las que ha trabajado antes y que puedan dar recomendaciones sobre usted. A esas personas se las llama "referencias", y es posible que el empleador las llame para hacerles preguntas acerca de usted.

Es posible que necesite crear un *curriculum vitae* en el que enumere su experiencia laboral. El *curriculum vitae* ofrece a su empleador información sobre sus empleos anteriores, su educación o capacitación y sus aptitudes laborales. Cuando se presente a solicitar un empleo, lleve consigo su *curriculum vitae*.

Un buen *curriculum vitae*:

- Tiene su nombre, dirección, número de teléfono y dirección de correo electrónico

- Menciona sus empleos anteriores e incluye las fechas en que los desempeñó

- Indica su nivel de educación

- Menciona sus aptitudes especiales

- Es fácil de leer y no contiene errores.

Consulte a las agencias locales de servicio comunitario para ver si pueden ayudarlo a preparar su *curriculum vitae*. Hay también empresas privadas que pueden ayudarlo con esa tarea, pero es posible que le cobren por el servicio. Para obtener más información sobre cómo solicitar un empleo, visite **www.careeronestop.org**.

¿Qué son los beneficios?

Algunos empleadores ofrecen, además del salario, ciertos beneficios. Los beneficios pueden incluir:

- seguro médico

- plan dental

- plan de visión

- seguro de vida

- plan de jubilación

Los empleadores pueden pagar una parte o todos los costos de estos beneficios. Si le ofrecen un empleo, pregunte qué beneficios brinda el empleador a sus empleados.

La entrevista laboral

Es posible que los empleadores quieran entrevistarlo para conversar con usted sobre el empleo. Le harán preguntas sobre sus empleos anteriores y sobre sus aptitudes. En preparación para la entrevista, usted puede practicar respuestas a preguntas acerca de su pasado laboral y aptitudes con un amigo o un familiar. Al final de la entrevista, usted también puede formularle preguntas al empleador. Esta es una buena oportunidad para obtener más información acerca de las condiciones laborales.

Es posible que usted quiera hacer las siguientes preguntas:

- ¿Cómo describiría un día típico en este puesto?

- ¿Cómo me capacitarían o me incorporarían al empleo?

- ¿En qué parte de la organización se desempeña el puesto?

- ¿Cómo describiría el entorno laboral?

- ¿Cuáles son para usted los aspectos positivos y los desafíos de este puesto?

Durante la entrevista, el empleador puede formularle muchas preguntas, pero no puede hacerle preguntas de cierto tipo. No se permite que se le pregunte sobre su etnia, color, género, estado civil, religión, país de origen, edad o cualquier discapacidad que usted pueda tener. Para obtener más información acerca del proceso de la entrevista laboral, visite **www.dol.gov**.

Conozca sus derechos: las leyes federales protegen a los empleados

Estados Unidos cuentan con varias leyes federales que prohíben a los empleadores discriminar a las personas que buscan empleo y las protegen de represalias y de otras formas de discriminación en el lugar de trabajo.

- La Ley de Derechos Civiles prohíbe la discriminación por razón de etnia, color, religión, país de origen, género o embarazo.

- La Ley contra la Discriminación por Edad en el Empleo prohíbe la discriminación por razones de edad.

- La Ley de Estadounidenses con Discapacidades y la Ley de Rehabilitación prohíben la discriminación por tener una discapacidad.

- La Ley de Pago Igualitario prohíbe la discriminación por género.

- La Ley contra la Discriminación por Información Genética prohíbe la discriminación por información genética.

Para obtener información acerca de estas protecciones, visite el sitio web de la Comisión para la Igualdad de Oportunidades en el Empleo de Estados Unidos, **www.eeoc.gov**, o llame al 1-800-669-4000 y al 1-800-669-6820 (si tiene discapacidades auditivas).

Otras leyes ayudan a mantener la seguridad de los sitios de trabajo, establecen licencias por emergencia familiar o licencias médicas y proporcionan pagos temporales a los trabajadores desempleados. Para obtener más información acerca de sus derechos laborales, visite **www.dol.gov**, el sitio web del Departamento de Trabajo de Estados Unidos.

Además, las leyes federales protegen a los empleados contra la discriminación por su país de origen o por el estatus de ciudadanía. Para obtener más información sobre estas protecciones, llame a la Oficina del Consejero Especial sobre Prácticas Injustas en el Empleo Relacionadas con la Condición de Inmigrante del Departamento de Justicia al 1-800-255-7688 o al 1-800-237-2515 (si tiene discapacidades auditivas). Si usted no habla inglés, habrá intérpretes a su disposición para ayudarlo. Para obtener más información, visite **www.justice.gov/crt/osc**.

Qué puede esperar al obtener empleo

Al presentarse a trabajar por primera vez, se le pedirá que llene ciertos formularios. Entre ellos, se encuentran los siguientes:

- **Formulario I-9, Formulario de Verificación de Elegibilidad de Empleo:** por ley, los empleadores deben verificar que todos los trabajadores contratados cumplan con los requisitos para trabajar en Estados Unidos. Durante su primer día de trabajo, necesita llenar la Sección 1 del Formulario I-9. No se le debería pedir que llene la Sección 1 hasta que no haya aceptado el empleo. Dentro de los tres días laborales posteriores, debe proporcionar a su empleador documentación que demuestre su identidad y que tiene autorización para trabajar. Puede escoger qué documentos presentar como constancia de su autorización para trabajar en Estados Unidos, siempre y cuando aparezcan en el Formulario I-9. Su empleador le proporcionará la lista de los documentos que se aceptan. Ejemplos de ellos son su Tarjeta de Residente Permanente o su tarjeta de Seguro Social sin restricciones, junto con una licencia de conducir

expedida por el estado donde vive. Para obtener más información, visite
I-9 Central en **www.uscis.gov/es/central-I-9**.

- **Formulario W-4, Certificado de Exención de Retenciones del Empleado:**
su empleador deberá retener dinero de su cheque para enviarlo al gobierno
y pagar impuestos federales. A eso se le llama "retención de impuestos". En
el Formulario W-4, se le pide a su empleador que retenga el monto de sus
impuestos. Esto le permite determinar el monto correcto por retener, de
modo que no tenga que pagar todos los impuestos juntos al final del año.

- **Otros formularios:** es posible que deba llenar un formulario de retención de
impuestos del estado donde reside y otros formularios, a fin de poder recibir
sus beneficios.

Es posible que le paguen cada semana, cada quince días o una vez al mes. Su
salario indicará el monto que se dedujo para el pago de impuestos federales y
estatales, el monto del pago del Seguro Social y el de los beneficios laborales que
le corresponden pagar. Algunos empleadores enviarán su salario directamente a su
cuenta bancaria. A este método se le llama "depósito directo".

Confirmación de su elegibilidad de empleo

E-Verify es un sistema basado en Internet que los empleadores utilizan para
comparar información del Formulario I-9, Formulario de Verificación de
Elegibilidad de Empleo, de un empleado con los registros de la Administración
del Seguro Social y de USCIS para confirmar que el empleado tiene autorización
para trabajar en Estados Unidos. Algunos empleadores están obligados a participar
en E-Verify; otros participan de forma voluntaria. Para obtener más información
sobre E-Verify, visite **www.uscis.gov/e-verify**.

Para confirmar su elegibilidad por cuenta propia

Self Check es una aplicación gratuita de Internet que puede utilizar para verificar
su elegibilidad de empleo si está en Estados Unidos y es mayor de 16 años
de edad. Después de haber introducido la información necesaria, Self Check
comparará dicha información con varias bases de datos del gobierno para
determinar su elegibilidad de empleo en Estados Unidos. Para obtener más
información, visite **www.uscis.gov/selfcheck**; para obtener información en
español, consulte **www.uscis.gov/selfcheck/Espanol**.

El uso del idioma inglés en el trabajo

Si no habla inglés, trate de aprenderlo lo antes posible. Podrá encontrar clases de inglés gratuitas o a bajo costo en su comunidad. Con frecuencia, estas clases se ofrecen en escuelas públicas locales o en instituciones de enseñanza superior. El dominio del inglés lo ayudará en su empleo, en su comunidad y en su vida diaria. Para obtener más información sobre el aprendizaje del inglés, consulte la página 68.

Si su empleador le dice que usted **debe** hablar inglés en el trabajo, deberá demostrar que es esencial hablar inglés para realizar el trabajo como corresponde. **Antes** de contratarlo, su empleador deberá también informarle que el puesto exige que usted hable inglés. Si su empleador no puede demostrar la necesidad de hablar inglés para desempeñar el puesto, es posible que esté violando una ley federal. Si necesita ayuda o más información, puede comunicarse con la Comisión para la Igualdad de Oportunidades en el Empleo de Estados Unidos (EEOC, por sus siglas en inglés). Llame al 1-800-669-4000 o al 1-800-669-6820 (si tiene discapacidades auditivas) o visite **www.eeoc.gov**.

Pruebas de detección de drogas y verificación de antecedentes

Para algunos puestos, es posible que se le pida someterse a una prueba para verificar que usted no consume narcóticos. En el caso de algunos puestos, se exige una verificación de antecedentes, la cual incluye una investigación de sus actividades pasadas y sus circunstancias presentes.

Protección del gobierno federal para trabajadores inmigrantes

Muchos inmigrantes (incluidos los residentes permanentes) y todos los ciudadanos estadounidenses cuentan con protección contra la discriminación en el lugar de trabajo. Conforme a las leyes federales, los empleadores no pueden discriminar a ninguna persona sobre la base de su estatus migratorio. A los empleadores se les prohíbe:

- Negarse a contratarlo o despedirlo de su empleo por su estatus migratorio o por no tener ciudadanía estadounidense

- Exigirle que muestre una Tarjeta de Residente Permanente o rechazar su documentación de autorización de empleo

- Contratar trabajadores indocumentados

- Discriminarlo por motivo de su nacionalidad o su país de origen

- Tomar represalias contra cualquier empleado que se queje por alguno de los tratos anteriores.

Para obtener más información sobre sus derechos o para presentar una queja, llame a la Oficina del Consejero Especial sobre Prácticas Injustas en el Empleo Relacionadas con la Condición de Inmigrante del Departamento de Justicia al 1-800-255-7688 o al 1-800-237-2515 (si tiene discapacidades auditivas). Si usted no habla inglés, habrá intérpretes a su disposición para ayudarlo. Para obtener más información, visite **www.justice.gov/crt/osc**.

Cuidado de niños

No deje a sus hijos pequeños solos en su vivienda. Si usted trabaja y sus hijos son demasiado pequeños para asistir a la escuela, necesita encontrar a alguien que los cuide mientras usted está en el trabajo. En algunos casos, los menores en edad escolar necesitan una persona que los cuide después de la escuela. Si usted u otros miembros de su familia no pueden cuidar de sus hijos, será necesario encontrar a una persona que lo haga. De lo contrario, puede enfrentarse a serias consecuencias legales. Para obtener más información sobre las leyes y las pautas que existen en su estado, comuníquese con la agencia local de servicios de protección de menores de edad.

Cómo encontrar servicios de cuidado de niños

Escoger a una persona que cuide de sus hijos es una decisión importante. Cuando tome esa decisión, considere la calidad y el costo de la atención. Trate de encontrar a una persona que viva cerca de su vivienda o de su trabajo.

Hay muchos recursos que puede utilizar para encontrar buenos servicios de cuidado de niños. Pregunte a otros padres, a sus amigos y a sus compañeros de trabajo quiénes cuidan de sus hijos. Algunos estados tienen agencias que ofrecen información sobre servicios de cuidado de niños y pueden darle una lista de programas autorizados por el estado. Estos programas de cuidado de niños con licencia cumplen con los requisitos específicos establecidos por el estado para la protección de sus hijos. También puede llamar a la oficina de su distrito escolar local para pedir información sobre lugares que ofrezcan este tipo de servicio en su vecindario.

CONSEJO

Si necesita ayuda para encontrar buenos servicios de cuidado de niños en su zona, visite **www.usa.gov/Topics/Parents-Care.shtml**.

Tipos de servicios de cuidado de niños

Usted tiene varias opciones al escoger un proveedor de servicios de cuidado de niños, por ejemplo:

- Una persona que vaya a su vivienda a cuidar a sus hijos. Este tipo de servicio puede ser costoso porque sus hijos reciben una atención más individual. La calidad de los servicios depende de la persona que contrate.

- Su hijo es cuidado en la vivienda de otra persona junto con un pequeño grupo de menores de edad. Esta opción puede ser más económica que otros tipos de cuidado de niños. La calidad depende de las personas que cuidan a sus hijos y de la cantidad de menores de edad que se cuidan en esa vivienda.

- Centros de cuidado de niños ubicados en escuelas, iglesias, organizaciones religiosas y otros lugares. Estos programas suelen contar con varias personas encargadas de cuidar a grupos más grandes de menores de edad. Los centros de cuidado de niños deben cumplir con las normas estatales y, por lo general, su personal debe contar con capacitación especial y con experiencia.

- Los Programas Head Start, llamados *Early Head Start* y *Head Start*, son programas financiados por el gobierno federal para familias de bajos ingresos. Estos programas ofrecen servicios de cuidado de niños y otros servicios educativos que preparan a niños pequeños para la escuela. Para obtener más información sobre estos programas, llame al Departamento de Salud y Servicios Humanos de Estados Unidos al 1-866-763-6481 o visite **http://eclkc.ohs.acf.hhs.gov/hslc**.

Algunos proveedores de servicios de cuidado de niños se hacen cargo de sus hijos todo el día o parte del día, según las necesidades de los padres. El costo también es un factor que debe tener en cuenta al escoger un proveedor. Verifique si cumple con los requisitos para recibir ayuda federal o estatal para pagar estos servicios. Muchos estados ofrecen ayuda económica a padres de bajos ingresos que trabajan o participan en programas educativos o de capacitación laboral. Para obtener más información sobre ayuda federal o estatal para el cuidado de niños, visite la sección *Education and Child Care* (Educación y cuidado de niños) en **www.welcometousa.gov**.

¿Cómo puedo saber si un proveedor de servicios de cuidado de niños es bueno?

Cuando visite un programa de cuidado de niños, considere las siguientes preguntas básicas:

- ¿Se ven contentos los niños cuando están en compañía del personal?

- ¿Hay juguetes apropiados para la edad de los niños?

- ¿Están los niños realizando una actividad apropiada?

- ¿La persona encargada habla con su hijo mientras usted está allí?

- ¿Está limpia y bien organizada el área donde están los niños?

- ¿Cuál es el plan de actividades o rutina establecida para los niños?

Pida referencias para poder hablar con otros padres sobre el programa.

CONSEJO

Asegúrese de que el proveedor o el programa de servicios de cuidado de niños que seleccione tenga licencia o acreditación. Los programas acreditados deben cumplir con las normas mínimas de seguridad y de cuidado establecidas por el estado. Dichos programas cumplen con normas más estrictas que las necesarias para obtener una licencia del estado.

Transporte

Hay muchas maneras de viajar dentro de Estados Unidos. Muchas ciudades cuentan con diferentes formas de transporte público, por ejemplo, autobuses, trenes y tranvías. Cualquier persona puede utilizar el transporte público con el pago de una pequeña tarifa. En algunos lugares, usted puede comprar una tarjeta para varios viajes en tren o en autobús. También puede pagar cada viaje por separado. Los taxis son automóviles comerciales con conductores que lo llevan a donde desee ir por una tarifa. Son más costosos que el transporte público.

Cómo obtener una licencia de conducir

Es ilegal conducir un vehículo sin licencia de conducir. Si usted desea conducir un vehículo, tendrá que solicitar y obtener una licencia de conducir. La podrá obtener en el estado donde reside.

Para conocer cómo obtenerla, visite la oficina estatal que expide estas licencias de conducir. Esas oficinas tienen nombres diferentes en cada estado. Algunas agencias conocidas son el Departamento de Vehículos Motorizados, el Departamento de Transporte, la Administración de Vehículos de Motor o el Departamento de Seguridad Pública. Sus teléfonos aparecen en la guía telefónica. Para obtener más información, visite **www.usa.gov/Topics/Motor_Vehicles.shtml**.

Algunos residentes permanentes ya tienen licencias de conducir expedidas en otros países. Quizá pueda cambiar su licencia de conducir extranjera por una del estado donde usted reside. Pregunte en la oficina que expide licencias en su estado si esto es posible.

La decisión de comprar un automóvil

Poseer un automóvil puede ser una forma conveniente de viajar. En Estados Unidos, además es necesario pagar un seguro para su automóvil y registrar su vehículo y sus placas. La congestión del tránsito puede dificultar conducir en algunas ciudades. Considere los costos y beneficios de tener un automóvil antes de tomar la decisión de comprarlo. Para obtener más información acerca de la compra de automóviles, visite la sección *Travel and Recreation* (Viaje y recreación) de **www.usa.gov**.

Diez consejos prácticos para conducir con seguridad en Estados Unidos

1. Conduzca en el carril derecho de la carretera.

2. Lleve siempre consigo su licencia de conducir, el registro de su vehículo y la tarjeta del seguro.

3. Abróchese siempre el cinturón de seguridad.

4. Haga que los menores de edad usen cinturones de seguridad y asientos de seguridad adecuados.

5. Use las señales direccionales de su auto para indicar si doblará hacia la izquierda o hacia la derecha.

6. Obedezca todas las leyes y señales de tránsito.

7. Si un vehículo de emergencia (por ejemplo, un patrullero, un camión de bomberos o una ambulancia) necesita pasar, muévase a un lado de la carretera.

8. No sobrepase un autobús escolar cuando tenga encendidas las luces rojas intermitentes.

9. Si ha consumido bebidas alcohólicas o medicamentos, no conduzca.

10. Disminuya la velocidad y conduzca con mucho cuidado cuando haya neblina, hielo, lluvia o nieve.

CONSEJO

En Estados Unidos, la licencia de conducir se usa también como documento de identificación. Es una buena idea obtenerla incluso si no tiene un automóvil propio ni conduce con regularidad.

Si no sabe conducir un automóvil, puede tomar clases. Muchos distritos escolares públicos ofrecen clases de manejo. También puede buscar en la sección *Driving Instruction* (Clases de manejo) de las páginas amarillas de la guía telefónica.

CONSEJO

En Estados Unidos, no se acostumbra pedir aventones a los lados de las carreteras. En muchos lugares, es ilegal. Por motivos de seguridad, no pida aventones ni lleve a personas que lo pidan.

Cómo administrar su dinero

La administración de su dinero puede tener una gran repercusión sobre su futuro en Estados Unidos. En esta sección, analizamos temas como sus finanzas personales, el pago de impuestos y las formas en las que puede protegerse y proteger su dinero.

Finanzas personales

Cómo abrir una cuenta

En Estados Unidos, dos de los tipos de instituciones financieras que ofrecen cuentas financieras personales son los bancos y las cooperativas de crédito.

Una cuenta de banco es un lugar seguro para guardar su dinero. Los bancos tienen cuentas de distintos tipos. Las cuentas corrientes y las cuentas de ahorro son dos tipos comunes. Usted puede abrir una cuenta individual o una cuenta en común con su cónyuge o con otra persona. Los bancos pueden cobrarle tarifas por algunos de sus servicios.

Las cooperativas de crédito también protegen su dinero. Su empleador puede tener una cooperativa de crédito a la que usted pueda unirse o quizá puede unirse a otra cooperativa, según el lugar donde viva. Las cooperativas de crédito ofrecen casi los mismos servicios que los bancos, pero también pueden brindar servicios adicionales. Para poder escoger la institución financiera más apropiada para sus necesidades, compare los servicios, las tarifas, la cobertura, los horarios y las ubicaciones de las entidades antes de abrir una cuenta.

Al abrir su cuenta, se le pedirá un documento para verificar su identidad. Para ello, puede usar su Tarjeta de Residente Permanente o su licencia de conducir. También tendrá que entregar a la institución financiera cierta cantidad de dinero (que se conoce como "depósito") que se colocará en su cuenta nueva. A la transacción por la que retira dinero de su cuenta se la llama "retiro". Los retiros de dinero pueden hacerse con un cheque, desde un cajero automático o mediante un formulario de retiro en su institución financiera.

CONSEJO

Algunas tiendas ofrecen servicios de pago de cheques y envío de dinero al extranjero, pero esos servicios tienen un costo adicional. Verifique si su banco o cooperativa de crédito ofrece estos servicios a un precio menor.

Cómo mantener su dinero de forma segura

No es seguro que lleve consigo grandes cantidades de dinero en efectivo o que deje el dinero en su vivienda, pues podrían robárselo o perdérsele. Si deposita su dinero en un banco o en una cooperativa de crédito que pertenezca a la Corporación Federal de Seguro de Depósitos (FDIC, por sus siglas en inglés) o que esté asegurada por la Administración Nacional de Cooperativas de Crédito (NCUA, por sus siglas en inglés), su dinero tendrá una protección de hasta un máximo de $250,000. Cuando elija una institución financiera, asegúrese de que sea miembro de la Corporación Federal de Seguro de Depósitos o cuente con un seguro de la Administración Nacional de Cooperativas de Crédito. Para obtener más información, visite **www.fdic.gov** o **www.ncua.gov**.

Cómo utilizar su cuenta

Usted puede retirar dinero de su cuenta mediante un cheque personal, un cajero automático o su tarjeta de débito. Asegúrese de que solo usted y la persona con quien comparta la cuenta (si es el caso) tengan acceso a su cuenta.

Cheques personales: al abrir su cuenta corriente, usted puede adquirir una cierta cantidad de cheques personales. Los cheques son formularios que se llenan para pagar por algo. Los cheques indican a su institución financiera que debe pagar cierta cantidad de dinero a la persona o a la empresa cuyo nombre aparece en el cheque. Conserve esos cheques en un lugar seguro y pregunte en su institución financiera cómo puede pedir cheques adicionales cuando se le hayan terminado los que tenga.

Tarjetas de cajero automático (ATM): usted puede pedir en su institución financiera una tarjeta de cajero automático. Una tarjeta de cajero automático (ATM, por sus siglas en inglés) es una pequeña tarjeta de plástico asociada con su cuenta. Utilícela para retirar o depositar dinero en su cuenta desde un cajero automático. En general, no hay que pagar tarifa alguna por el uso del cajero automático de su propia institución financiera. Es muy probable que se le cobre una tarifa cuando utilice cajeros automáticos que sean propiedad de otra institución financiera y estén administrados por ella.

El personal de la institución financiera le enseñará a utilizar su tarjeta de cajero automático y le dará un número especial, llamado PIN (número de identificación personal), para que lo utilice en los cajeros automáticos. Tenga cuidado cuando utilice cajeros automáticos. Nunca revele su PIN ni le entregue a nadie su tarjeta de cajero automático. Podrían utilizarlos para retirar dinero de su cuenta.

Tarjetas de débito: es posible que su institución financiera le expida una tarjeta de débito para que la utilice con su cuenta corriente. En ocasiones, su tarjeta de cajero automático también puede utilizarse como tarjeta de débito. Nunca revele su PIN ni le entregue a nadie su tarjeta de débito. Podrían utilizarlos para retirar dinero de su cuenta. Usted puede utilizar su tarjeta de débito para pagar compras en una tienda. Cuando lo haga, el dinero se debitará de manera automática de su cuenta corriente.

Cheques de caja y cheques certificados: hay cheques que las instituciones financieras crean a pedido. Usted entrega el dinero a la institución financiera, y la institución hace un cheque por ese monto de dinero a nombre de la persona o la empresa a la que usted desea pagarle. Las instituciones financieras pueden cobrarle una tarifa por ese tipo de cheques. Pregunte en su institución financiera si existen otras opciones que puede utilizar.

CONSEJO

Administre su cuenta con cuidado para que no tenga que pagar por cargos por sobregiros. Los sobregiros se producen cuando no tiene suficiente dinero en su cuenta para cubrir un pago o un retiro. Consulte a su institución financiera para conocer sus opciones y las tarifas.

Tarjetas de crédito

Las tarjetas de crédito le permiten hacer compras y pagarlas más tarde. Entre los tipos de empresas que pueden darle una tarjeta de crédito están los bancos, las cooperativas de crédito, las tiendas y las gasolineras. Todos los meses, recibirá por correo una cuenta por las compras que haya hecho con su tarjeta de crédito. Si al recibir su cuenta paga el saldo total, no tendrá que pagar intereses. Si no paga el saldo total o si se atrasa en enviar su pago, se le cobrarán intereses, y quizá hasta una tarifa adicional. Algunas tarjetas de crédito tienen tasas de interés muy elevadas, así que considere las diferentes opciones para determinar cuál es la más conveniente para usted. Algunas personas pueden referirse a las tarjetas de crédito como "tarjetas de débito diferido", pero son dos instrumentos distintos. Con las tarjetas de débito diferido, usted debe pagar el saldo completo todos los meses. Por otra parte, las tarjetas de crédito le permiten trasladar al mes siguiente una parte del saldo, si no lo paga en su totalidad.

Tenga cuidado al revelar el número de su tarjeta de crédito a otras personas, en particular si lo hace por teléfono o en Internet. Asegúrese de que conoce a la persona o a la empresa que le pide el número y de que confía en ella.

CONSEJO

Examine el estado de cuenta de su tarjeta de crédito cada mes para asegurarse de que todos los cargos son correctos. Si ve un cargo que usted no hizo, llame de inmediato a la compañía emisora de la tarjeta de crédito. Usualmente, si informa esta situación de inmediato a dicha compañía, no tendrá la obligación de pagar el dinero que no gastó.

Anote los números de todas sus cuentas y de sus tarjetas de débito, de cajero automático y de crédito. Anote también los números de teléfono de las empresas que se las expidieron. Conserve esa información en un lugar seguro. Si le roban su cartera o la pierde, llame a las empresas y cancele todas sus tarjetas. Eso evitará que otra persona las use de manera ilegal.

Para obtener más información sobre finanzas personales, visite **www.mymoney.gov**.

Su puntuación crediticia

En Estados Unidos, es muy importante la manera en la que usted administra su crédito. Hay organizaciones que determinan su puntuación o calificación crediticia. Dicha puntuación o calificación depende de cómo pague sus cuentas, cuántos préstamos haya solicitado, cuántas tarjetas de crédito tenga y otros factores. Esta evaluación es muy importante cuando quiere comprar una vivienda o un automóvil, u obtener un préstamo. Las siguientes son algunas de las medidas que usted puede tomar para mantener una buena puntuación crediticia:

- Pague todas sus cuentas a tiempo

- Mantenga los saldos de su tarjeta de crédito bajos y pague al menos el monto mínimo mensual.

Conforme a las leyes federales, usted puede obtener una copia gratis de su informe de puntuación crediticia una vez al año. Si desea recibir una copia de su informe de puntuación crediticia, llame al 1-877-322-8228 o visite **www.annualcreditreport.com**.

Cómo pagar sus impuestos

Los impuestos son el dinero que las personas le pagan a los gobiernos local, estatal y federal. Con el dinero de los impuestos, se pagan los servicios que ofrece el gobierno. Hay distintos tipos de impuestos, tales como los impuestos sobre ingresos, los impuestos sobre las ventas y los impuestos sobre la propiedad.

Impuesto sobre ingresos: estos son los impuestos que paga por sus ingresos al gobierno federal, a la mayoría de los gobiernos estatales y a algunos locales. Los ingresos sujetos a impuestos incluyen el dinero que usted recibe por concepto de salarios, honorarios, propinas y la venta de bienes. La mayoría de las personas pagan sus impuestos sobre ingresos mediante la retención de dinero de su salario. El monto de sus impuestos sobre ingresos depende del dinero que usted gane. Las tasas de los impuestos sobre ingresos son más bajas para las personas que ganan menos. Cualquier persona que reciba ingresos, resida en Estados Unidos y cumpla con ciertos requisitos tiene la obligación de presentar una declaración de impuestos y pagar todos los impuestos que le corresponda.

El Servicio de Impuestos Internos (IRS, por sus siglas en inglés) es la agencia federal que recauda los impuestos sobre ingresos. Todos los años, los contribuyentes presentan ante el Servicio de Impuestos Internos el Formulario 1040, Declaración de Impuestos Federales Individual de Estados Unidos. Su declaración de impuestos informa al gobierno qué ingresos tuvo y el monto que se dedujo de su salario para pagar sus impuestos. Si las deducciones fueron demasiado altas, recibirá un reembolso. Si las deducciones fueron demasiado bajas, deberá pagarle al Servicio de Impuestos Internos.

Impuestos de Seguro Social y de Medicare: estos son impuestos federales que se deducen de su salario. El Seguro Social ofrece beneficios a ciertos trabajadores jubilados y a sus familias, a ciertos trabajadores con discapacidades y a sus familias, y a ciertos familiares de trabajadores fallecidos. Los impuestos de Medicare se utilizan para pagar los servicios médicos prestados a la mayoría de las personas que tienen más de 65 años de edad. En la mayoría de los casos, usted debe haber trabajado durante un total de 10 años (o 40 trimestres) durante su vida para recibir las beneficios de jubilación que ofrece el Seguro Social y los beneficios de Medicare. Es posible que necesite haber trabajado menos de 10 años para recibir beneficios por discapacidad o para que su familia reciba beneficios de sobrevivientes basados en sus ingresos.

Impuestos sobre las ventas: estos son impuestos estatales y locales. Estos impuestos se agregan al costo de ciertos artículos que usted compra. Los impuestos sobre las ventas se basan en el precio del artículo comprado. Los ingresos provenientes de los impuestos sobre las ventas contribuyen a cubrir los servicios de los gobiernos estatales y locales, tales como los costos de las carreteras y de los departamentos de policía y de bomberos.

Impuestos sobre la propiedad: estos son impuestos estatales y locales basados en el valor de su vivienda o de su terreno. En general, los impuestos sobre la propiedad contribuyen a financiar las escuelas públicas locales y otros servicios.

Su Formulario W-2: declaración de ingresos e impuestos

En el formulario federal W-2 se detallan sus ingresos y los impuestos que pagó durante el año fiscal anterior. El año fiscal comienza el 1.° de enero y termina el 31 de diciembre. Su empleador tiene la obligación legal de enviarle su formulario W-2 antes del 31 de enero de cada año. Recibirá un W-2 por cada empleo que haya tenido durante el año. Cuando usted presenta su declaración de impuestos federales, debe también enviar una copia del formulario W-2 al Servicio de Impuestos Internos. Si usted vive o trabaja en un estado que recauda impuestos sobre ingresos, deberá enviar una copia de su W-2 junto con su declaración de impuestos estatales.

Cómo obtener ayuda con sus impuestos

Como residente permanente, usted tiene la obligación de presentar una declaración de impuestos federales todos los años. Esta declaración incluye sus ingresos desde el mes de enero hasta el mes de diciembre del año anterior y deberá presentarse el 15 de abril a más tardar. Usted puede obtener ayuda gratis con su declaración de impuestos en los Centros de Ayuda al Contribuyente del Servicio de Impuestos Internos.

Estos centros se encuentran ubicados en comunidades de todo el país. Para encontrar un Centro de Ayuda al Contribuyente en el lugar donde vive, visite **www.irs.gov/localcontacts/index.html**. Para obtener ayuda por teléfono, llame al Servicio de Impuestos Internos al 1-800-829-1040 o al 1-800-829-4059 (si tiene discapacidades auditivas). Para obtener una lista de créditos fiscales actuales, visite **www.benefits.gov**.

El gobierno y nuestro bienestar

Los impuestos pagan los servicios que el gobierno federal presta a las personas que viven en Estados Unidos. Entre estos servicios, se encuentran:

- la protección de nuestro país y el mantenimiento de nuestra seguridad

- la prevención y el tratamiento de enfermedades mediante la investigación

- la educación de menores de edad y de adultos

- la construcción y el mantenimiento de caminos y carreteras

- la prestación de servicios médicos para residentes de bajos ingresos y personas de la tercera edad y

- la ayuda de emergencia en casos de desastres naturales, como, por ejemplo, huracanes, inundaciones o terremotos.

Cómo proteger su dinero y protegerse a sí mismo

Evite el robo de identidad

El término "robo de identidad" significa que alguien le ha robado su información personal como, por ejemplo, su número de Seguro Social o el número de su cuenta bancaria. Con esta información, se puede retirar dinero de su cuenta u obtener una tarjeta de crédito en su nombre. El robo de identidad es un delito grave. Tome las siguientes medidas para su protección:

- Asegúrese de que conoce a las personas o las empresas a las que les dé su información personal y de que confía en ellas, en particular, cuando lo haga por teléfono o en Internet.

- Conserve su tarjeta de Seguro Social en un lugar seguro de su vivienda. No la lleve consigo.

- Lleve consigo solo los documentos de identidad o tarjetas de crédito que necesite en ese momento. Deje los demás en un lugar seguro de su vivienda.

- Rompa o triture cualquier papel o formulario que contenga su información personal antes de echarlo a la basura.

- Seleccione una contraseña exclusiva para cada cuenta. No utilice la misma contraseña, pues, eso podría poner en riesgo su información personal.

Para protegerse contra el robo de identidad, llame a la Línea Directa de Robo de Identidad de la Comisión Federal de Comercio al 1-877-438-4338 o visite **www.consumer.ftc.gov/features/feature-0014-identity-theft**.

El fraude electrónico o "*Phishing*" y otras estafas

Según la Comisión Federal de Comercio (FTC, por sus siglas en inglés), el fraude electrónico o "*phishing*" se produce cuando una fuente desconocida le envía un mensaje de correo electrónico o un mensaje supuestamente de parte de una empresa u organización con la cual usted está asociado como, por ejemplo, un banco, un servicio de pago por Internet o incluso una agencia gubernamental. El mensaje puede incluir enlaces a sitios web en los que se le pida que actualice su cuenta o su información personal. Los enlaces del mensaje de correo electrónico lo conectan con un sitio web que se ve como el de una organización legítima, pero no es real. Los estafadores crearon dicho sitio web para robarle la identidad y poder así cobrar dinero o cometer delitos en su nombre.

Tenga cuidado con las estafas telefónicas dirigidas a personas específicas, como por ejemplo los inmigrantes. Es posible que lo llame un estafador y le pida dinero o lo amenace. Es probable que tenga cierta información sobre usted y el número de teléfono del que llaman puede parecer oficial. Las agencias gubernamentales nunca le pedirán dinero ni lo amenazarán. Si recibe una llamada telefónica de ese tipo, cuelgue y llame al número oficial de la empresa o la agencia gubernamental para verificar si fue una estafa.

Los siguientes son algunos datos importantes que debe recordar para evitar que lo estafen:

- Si recibe un correo electrónico o un mensaje en el que se le pide información personal o financiera, no responda.

- No revele su número de cuenta o su contraseña por teléfono a menos que esté llamando a una empresa que usted sepa que es de confianza. Si tiene preguntas sobre una empresa, consulte a su oficina local de protección del consumidor o a Better Business Bureau.

- Revise los saldos de su cuenta bancaria y de su tarjeta de crédito tan pronto los reciba para ver si hay compras o cargos no autorizados.

- Si tiene computadora, utilice programas antivirus o programas antiespionaje y un servidor de seguridad. Actualícelos con frecuencia.

- Tenga cuidado al abrir o descargar documentos adjuntos a mensajes de correo electrónico. Si no conoce a la persona que le envió el mensaje, no abra ni descargue los documentos.

- Si sospecha que un mensaje de correo electrónico o un sitio web es fraudulento, denúncielo ante el banco, la empresa o la agencia gubernamental real.

Si cree que lo han estafado, puede presentar una queja en el sitio web de la Comisión Federal de Comercio en **www.ftccomplaintassistant.gov**. Para obtener más información sobre cómo evitar estafas por Internet y cómo lidiar con correos fraudulentos, visite **www.onguardonline.gov**.

56

Cómo entender la educación y la atención médica

La educación puede ayudar a que usted y su familia se relacionen con su comunidad. En esta sección, se describen las escuelas de Estados Unidos para niños, jóvenes y adultos. En esta sección, también se detalla el sistema de atención médica, y se brindan recursos para que usted y su familia puedan mantenerse informados.

La educación en Estados Unidos

Para asegurarse de que los niños están preparados para triunfar, Estados Unidos brinda educación pública gratis desde el jardín de infancia hasta el duodécimo (12.°) grado a todos los estudiantes en el país. Algunas comunidades también ofrecen a los menores de tres años de edad o más la oportunidad de asistir al programa preescolar. En esta sección, se le informa cómo inscribir a sus hijos en la escuela, cómo funcionan las escuelas de Estados Unidos y cómo ayudar a que sus hijos aprendan.

La mayoría de las escuelas públicas de Estados Unidos son mixtas. "Mixtas" significa que las niñas y los niños asisten a clases juntos. No obstante, algunas escuelas inscriben únicamente a personas del mismo género. La mayoría de las escuelas forma parte de un distrito escolar que consta de varias escuelas, lo que incluye el hecho de tener instituciones educativas distintas para niños de diferentes edades. Las edades de los estudiantes de cada escuela pueden variar según la comunidad.

Cómo inscribir a su hijo en la escuela

Una de las primeras cosas que debe hacer es inscribir a su hijo en una escuela. Llame o diríjase a la oficina principal de su distrito escolar local o visite su sitio web para saber a qué escuela debe asistir su hijo. En la actualidad, todos los estados y el Distrito de Columbia tienen leyes de asistencia escolar obligatoria. "Asistencia escolar obligatoria" significa que todos los menores entre ciertas edades deben asistir a la escuela. En la mayoría de los estados, dichas leyes abarcan a menores entre las edades de 5 y 16 años. Comuníquese con su distrito escolar local o con el departamento de educación de su estado para conocer las edades de asistencia escolar obligatoria de su estado.

Su hijo puede asistir a una escuela pública o privada. Las escuelas públicas son gratuitas y no brindan instrucción religiosa. El estado decide lo que su hijo aprende en la escuela pública, pero los distritos escolares locales, los directores, los maestros y los padres deciden cómo enseñarle a su hijo. Las escuelas autónomas constituyen un tipo especial de escuela pública que funciona de manera independiente del distrito escolar local. Sus impuestos locales y estatales, y algunos de sus impuestos federales, financian las escuelas públicas.

Las escuelas privadas son otra opción para educar a su hijo. Las escuelas privadas son propiedad de grupos independientes del gobierno que las administran. Estos pueden ser grupos religiosos o no religiosos. Por lo general, los estudiantes deben pagar una tarifa (denominada "matrícula") para asistir a una escuela privada. En algunos casos, las escuelas privadas brindan ayuda económica a estudiantes sin recursos para pagar la matrícula. En otros casos, es posible contar con fondos públicos en forma de vales para que los estudiantes asistan a escuelas privadas. Algunas escuelas privadas son mixtas, mientras que otras son exclusivamente para niños o para niñas. Algunos estados tienen requisitos de registros o licencias para las escuelas privadas, y muchas de estas escuelas escogen ser acreditadas por una asociación de acreditación. Para obtener más información acerca de las escuelas privadas, comuníquese con el departamento de educación de su estado.

Educar a su hijo en su hogar es otra opción. Esta práctica se conoce como "educación en el hogar". Los requisitos de la "educación en el hogar" varían según el estado. Los padres que estén interesados en la "educación en el hogar" deben comunicarse con el departamento de educación de su estado para obtener más información.

La mayoría de los niños estadounidenses asisten a escuelas públicas durante 13 años aproximadamente, desde el jardín de infancia hasta el 12.° grado. En la mayoría de las escuelas, se colocará a su hijo en una clase (denominada "grado") determinada por dos variables: la edad y el nivel de educación previa. En algunos casos, es posible que la escuela le administre un examen a su hijo para establecer su nivel de grado y la clase a la que se lo asignará.

CÓMO ESTÁ ORGANIZADA LA TÍPICA ESCUELA ESTADOUNIDENSE		
Escuela	Grado	Edad
Escuela primaria	Jardín de infancia y de 1.° a 5.° grado o de 1.° a 6.° grado	Niños entre los 5 y 11 años de edad
Escuela intermedia	De 6.° a 8.° grado, de 7.° a 8.° grado o de 7° a 9.° grado	Jóvenes entre los 11 y 14 años de edad
Escuela secundaria	De 9.° a 12.° grado o de 10.° a 12.° grado	Jóvenes adultos que tienen entre 14 y 18 años de edad (y hasta 21 años de edad en algunos casos)
Educación superior o postsecundaria	Instituciones de enseñanza superior privadas y públicas, universidades o instituciones de enseñanza superior de dos o de cuatro años, escuelas técnicas	Pueden asistir todos los adultos que cumplan con los requisitos

A continuación se enumera una lista de las preguntas frecuentes formuladas por los padres en relación con las escuelas públicas.

¿Cuánto dura el año escolar?

El año escolar generalmente comienza en agosto o septiembre y termina en mayo o junio. En algunos lugares, los niños asisten a clases durante todo el año. Los niños asisten a la escuela de lunes a viernes. Muchas escuelas ofrecen programas antes o después del horario de clase regular para aquellos niños cuyos padres trabajan. Es posible que se le cobre una tarifa por los programas antes o después del horario de clases, aunque es posible que existan algunos servicios de tutoría gratuitos en su distrito escolar.

¿Dónde puedo inscribir a mi hijo?

Llame o diríjase a la oficina principal de su distrito escolar local o visite su sitio web para saber a qué escuela debe asistir su hijo.

¿Qué documentos necesito para completar la inscripción de mi hijo?

Usted necesita el historial médico de su hijo y la constancia de que ha recibido las vacunas contra ciertas enfermedades. Es posible que necesite documentos que prueben su identidad, tal como el certificado de nacimiento, y documentos que prueben que vive en la misma comunidad que la escuela. Si usted ha perdido estos documentos, consulte al personal de la escuela para saber cómo obtener documentos nuevos. Para evitar demoras, hágalo antes de iniciar el proceso de inscripción de su hijo.

¿Qué pasa si mi hijo no habla inglés?

Si su hijo no habla inglés, el distrito escolar examinará las aptitudes de idioma de su hijo. La escuela le brindará a su hijo los servicios que necesita para aprender inglés y participar en el programa académico de su nivel de grado. El distrito escolar es responsable de brindarle servicios adecuados a su hijo para satisfacer sus necesidades de idioma y para proporcionarle a usted información en un idioma que comprenda acerca de los servicios que recibe su hijo. Puede comunicarse con la escuela de su hijo para hacer consultas acerca de este proceso. Además de los servicios de idiomas que se brindan durante el horario de clase regular, algunas escuelas ofrecen programas y tutorías después del horario de clase, con el objeto de ayudar a los estudiantes a mejorar su inglés fuera de la escuela. La escuela de su hijo le informará acerca del tipo de ayuda adicional que ofrece a los estudiantes que aprenden inglés.

¿Qué sucede si mi hijo tiene una discapacidad?

Todos los estudiantes en Estados Unidos tienen derecho a recibir educación pública, independientemente de si tienen o no una discapacidad. Si su hijo tiene una discapacidad, puede recibir educación especial gratis, así como los servicios relacionados. Se colocará a su hijo en un aula regular según sus necesidades. Es posible que, en ocasiones, su hijo necesite recibir educación especial o los servicios relacionados fuera del aula regular. Usted puede participar cuando el personal de la escuela tome decisiones personalizadas respecto a la mejor manera de enseñarle a su hijo. La escuela es la encargada de comunicarse con usted para informarle acerca de dichas decisiones en un idioma que comprenda. Para obtener más información acerca de cómo acceder a los servicios y otros recursos, visite **http://idea.ed.gov**.

Mi hijo no asistió a la escuela antes de venir a Estados Unidos. ¿Durante cuánto tiempo podrá asistir a una escuela pública gratis?

En la mayoría de los estados, los estudiantes pueden asistir a una escuela pública gratis hasta que egresan de la escuela secundaria o alcanzan la edad máxima, que suele ser 21 años. Si un estudiante tiene menos de 22 años, puede inscribirse en una escuela secundaria y obtener un diploma de la escuela secundaria. Si un estudiante no egresó de la escuela secundaria a los 22 años, puede inscribirse en clases de Educación Secundaria para Adultos (ASE, por sus siglas en inglés). Las clases de Educación Secundaria para Adultos ayudan a preparar a las personas para que obtengan el diploma equivalente a un diploma de escuela secundaria (tal como el certificado de Desarrollo Educativo General [GED, por sus siglas en inglés] en lugar de un diploma de escuela secundaria normal). Comuníquese con las oficinas de su distrito escolar local o con el departamento de educación de su estado para consultar los lugares donde se ofrecen clases para obtener el certificado de Desarrollo Educativo General u otro certificado de equivalencia de escuela secundaria.

¿Cómo podrá ir mi hijo a la escuela?

En Estados Unidos, algunos niños pueden llegar a la escuela caminando. Si la escuela queda muy lejos o si no es seguro ir caminando, pueden tomar un autobús escolar o transporte público, como por ejemplo el subterráneo o el tren. Muchas escuelas públicas cuentan con autobuses gratuitos que recogen y dejan a los estudiantes en paradas de autobuses escolares cerca de su domicilio. Otras escuelas públicas ofrecen pases a los estudiantes que cumplen con los requisitos para tomar el transporte público local gratis o a un costo menor. Para determinar si su hijo puede tomar un autobús a la escuela o recibir un pase de transporte público, comuníquese con la oficina de su distrito escolar local. Si usted tiene automóvil, también puede organizar un sistema de transporte compartido y alternar con otras familias de su zona para llevar a sus hijos a la escuela.

Programa federal de comidas escolares

Para mejorar el aprendizaje, el gobierno de Estados Unidos ofrece comidas sanas gratis o a bajo costo a más de 26 millones de niños, todos los días de escuela. La participación en *School Breakfast Program* (Programa de Desayunos Escolares) y en *National School Lunch Program* (Programa Nacional de Almuerzos Escolares) depende de los ingresos de la familia y de la cantidad de miembros que la integren. El programa *Special Milk Program* (Programa Especial de Leche) ofrece leche a niños que no participan en otros programas federales de comidas escolares. Para obtener más información acerca de estos programas del Departamento de Agricultura de Estados Unidos, visite el siguiente sitio web: **www.fns.usda.gov/cnd/**.

¿Qué comerá mi hijo en la escuela?

Su hijo puede llevar su almuerzo a la escuela o comprarlo en la cafetería de la escuela. El gobierno de Estados Unidos también ofrece desayunos y almuerzos nutritivos gratis o a bajo costo, para aquellos niños que no puedan comprar sus alimentos en la escuela. Llame o diríjase a la escuela para que sepa si participa en el programa federal de comidas escolares. Hable con el personal de la escuela para saber si su hijo cumple con los requisitos para participar.

¿Quién paga los libros y las actividades escolares?

Las escuelas públicas generalmente proporcionan libros gratis. Los estudiantes suelen comprar sus propios materiales escolares, tales como papel y lápices. Si usted no puede comprar estos materiales, comuníquese con la escuela de su hijo. En algunas escuelas, se cobra una pequeña tarifa por materiales o eventos especiales, tales como paseos escolares. Muchas escuelas ofrecen programas de deportes y de música después del horario de clase. Es posible que usted deba pagar una tarifa para que su hijo participe en algunos de estos programas.

¿Qué aprenderá mi hijo?

Cada estado establece sus propias normas académicas para las escuelas. Estas normas describen lo que todos los estudiantes deben saber y qué nivel de desempeño se espera que tengan. Los distritos escolares locales deciden cómo se enseñarán las materias. En la mayoría de las escuelas se enseña inglés, matemática, ciencias sociales, ciencias y educación física. En ocasiones, también se ofrecen clases de arte, música e idiomas extranjeros.

¿Cómo se evaluará el rendimiento escolar de mi hijo?

Los maestros asignan una puntuación (también conocida como "calificación") según el rendimiento de los estudiantes durante el año escolar. Las calificaciones se basan generalmente en las tareas, los exámenes, la asistencia y la conducta en clase. Su hijo recibirá un boletín de calificaciones varias veces al año. Algunas escuelas le enviarán el boletín de calificaciones de su hijo directamente a usted. Este boletín de calificaciones le indicará el progreso de su hijo en cada materia. Las escuelas tienen maneras diferentes de evaluar a los estudiantes. Algunas dan calificaciones usando letras, en las que una A o A+ representan un trabajo excelente y una D o una F representan un trabajo deficiente o desaprobado. Otras utilizan calificaciones con números o palabras como "excelente", "satisfactorio" o "necesita mejorar", para brindar un resumen del desempeño de su hijo. En muchos grados, los estudiantes también toman exámenes estandarizados, que las escuelas utilizan para evaluar a los estudiantes. Consulte al personal de la escuela acerca de los métodos que se utilizan para calificar y evaluar a los estudiantes de la escuela de su hijo.

¿Cómo puedo hablar con los maestros de mi hijo?

La mayoría de las escuelas tiene sesiones regulares para que los padres se reúnan con los maestros. Usted puede también solicitar una reunión para hablar con los maestros o con los administradores de la escuela y consultarles acerca del desempeño de su hijo en la escuela. Si no habla o no comprende el idioma inglés, el distrito de la escuela le brindará un intérprete calificado para dicha reunión. También el distrito de la escuela debe brindarle información acerca de otros asuntos escolares en un idioma que usted comprenda.

¿Qué pasa si mi hijo no asiste a la escuela?

Asistir a la escuela es muy importante. Los padres deben enviar una carta al maestro o llamar a la escuela para explicar por qué su hijo no asistió a la escuela. Informe a los maestros por adelantado si sabe que su hijo no asistirá a la escuela. Por lo general, los estudiantes deben completar el trabajo escolar que no realizaron debido a dicha ausencia. Consulte al personal de la escuela de su hijo acerca del tipo de información que usted necesita brindar en el caso de que su hijo no asista a clase.

Lo que usted puede hacer

La mayoría de las escuelas públicas y privadas cuentan con una Asociación de Padres y Maestros (PTA, por sus siglas en inglés) o una Organización de Padres y Maestros (PTO, por sus siglas en inglés) a la que usted se puede afiliar. Estos grupos ayudan a los padres a mantenerse al día con respecto a lo que sucede en la escuela de su hijo y a participar en las actividades de la escuela. Cualquier miembro de la familia puede afiliarse y participar, incluso los abuelos. Las asociaciones y organizaciones de padres y maestros también brindan apoyo a las escuelas al patrocinar actividades especiales y proporcionar voluntarios para ayudar en el aula.

Usted puede participar aunque no hable ni comprenda el idioma inglés. Muchas escuelas tienen información preparada específicamente para los padres cuyo dominio del inglés es limitado. Informe al personal de la escuela que usted necesitará un intérprete para poder participar. Llame o diríjase a la oficina de la escuela de su hijo para consultar cuándo se celebran las reuniones de estas organizaciones y cómo puede participar. Además, puede hablar con los maestros de su hijo y preguntarles de qué manera puede participar u ofrecerse como voluntario.

¿Qué pasa si mi hijo tiene problemas de conducta?

Muchas escuelas tienen una lista de normas o una política disciplinaria que los estudiantes deben cumplir, comúnmente denominada "código de conducta". Solicite información a la escuela de su hijo sobre el código de conducta o la política disciplinaria. La escuela puede sancionar a los estudiantes que no cumplen con sus normas y solicitarles que permanezcan en la escuela después del horario de clase o prohibirles participar en actividades deportivas u otro tipo de actividades escolares. En la mayoría de los estados, el castigo corporal **no** está permitido en las escuelas estadounidenses.

Los niños pueden quedar suspendidos o ser expulsados de la escuela si su comportamiento es muy malo y no cumplen con las normas de la escuela. Si su hijo es expulsado de una escuela, no podrá volver a asistir a esa escuela. Usted deberá reunirse con el personal para consultar acerca de lo que será necesario para que su hijo pueda volver a ingresar a una escuela.

¿Qué grado de seguridad tienen los estudiantes en la escuela?

La mayoría de las escuelas públicas de Estados Unidos son lugares seguros para aprender. Si le preocupa el nivel de seguridad de su hijo en la escuela, comuníquese con un maestro, un consejero, un director o un miembro de la administración de la escuela.

Cómo frenar el acoso escolar

El acoso escolar es el comportamiento físico o verbal, agresivo y no deseado entre los menores en edad escolar. El acoso puede ocurrir durante el horario de clase o después. Aunque la mayoría de los casos de acoso de los que se tiene conocimiento ocurren en la escuela, el acoso también ocurre en lugares tales como el patio, el autobús o Internet. Para obtener más información acerca de cómo prevenir el acoso escolar o cómo responder a él, visite **www.stopbullying.gov**.

Instituciones de educación superior: institutos de enseñanza superior y universidades

Después de la escuela secundaria, los adultos jóvenes y otros adultos pueden continuar estudiando en una institución de enseñanza superior de dos años, en una institución de capacitación técnica, en una institución de enseñanza superior de cuatro años o en una universidad. A estas instituciones se las conoce como "instituciones postsecundarias" o "instituciones de enseñanza superior". Normalmente, los primeros cuatro años de educación postsecundaria se conocen como "educación de grado" y la educación posterior a la obtención del título de grado recibe el nombre de "educación de posgrado". Hay instituciones de educación superior públicas y privadas. Por lo general, las instituciones de enseñanza superior y las universidades públicas son menos costosas que las privadas, en particular, si los estudiantes son residentes del estado donde están ubicadas estas instituciones. Los adultos también pueden escoger asistir a instituciones para aprender oficios específicos, como reparar computadoras o prestar servicios de asistencia médica.

Los estudiantes de educación superior escogen un campo específico para estudiarlo en profundidad (este campo se denomina "especialidad"). Escoger una especialidad les ayuda a prepararse para obtener empleo o para cursar estudios adicionales en ese campo.

EDUCACIÓN SUPERIOR		
Tipo de título	Tipo de institución	Años de estudio
Certificado	Institución de enseñanza superior / Institución de capacitación técnica	De seis meses a dos años
Diplomatura	Institución de enseñanza superior	Dos años
Título de grado	Institución de enseñanza superior de cuatro años o universidad	Cuatro años
Maestría	Universidad	Dos años
Doctorado	Universidad	De dos a ocho años
Título profesional	Institución especializada	De dos a cinco años

Aprender inglés

Hay muchos lugares donde se puede aprender a hablar, leer y escribir en inglés. Muchos niños y adultos se inscriben en clases de inglés como segundo idioma (ESL, por sus siglas en inglés). Estas clases ayudan a las personas que no dominan el inglés a aprender este idioma. Estas clases también se conocen como "inglés para personas que hablan otros idiomas" (ESOL, por sus siglas en inglés) o "alfabetización en inglés".

Los niños que no dominan el inglés lo aprenderán en la escuela. Las escuelas públicas estadounidenses ofrecen ayuda e instrucción a todos los estudiantes que necesitan aprender inglés.

Los adultos que no comprenden inglés pueden inscribirse en clases de inglés como segundo idioma ofrecidas mediante un programa de educación de la comunidad o de educación pública de adultos o en una escuela de idiomas privada. La escuela de su hijo puede ofrecer servicios de alfabetización familiar, participación de los padres y capacitación para los padres de estudiantes que no hablen inglés. Comuníquese con la escuela de su hijo para consultar si ofrece estos programas.

A menudo, los distritos escolares y las instituciones de enseñanza superior ofrecen programas de educación de la comunidad o de educación pública de adultos. En algunos casos, estos programas ofrecen clases regulares de inglés como segundo idioma, junto con instrucción individual realizada por miembros de la comunidad que ofrecen sus servicios en forma voluntaria. Muchos de estos programas suelen ser gratuitos o pueden cobrar una tarifa reducida. Las clases se ofrecen de día o de noche. Llame a la oficina de su institución de enseñanza superior o de su distrito escolar local para obtener más información acerca de las clases de inglés como segundo idioma que ofrecen.

La mayoría de las ciudades grandes también tienen escuelas de idiomas privadas que ofrecen clases de inglés como segundo idioma de día o de noche. El costo de las clases privadas de idioma suele basarse en la cantidad de horas de instrucción y suele ser, por lo general, más elevado que el de las clases públicas. Puede buscar información en Internet para averiguar sobre escuelas privadas de idioma en su zona.

Algunas organizaciones comunitarias, bibliotecas y grupos religiosos también ofrecen clases de inglés como segundo idioma en forma gratuita o a bajo costo. Solicite información en la biblioteca pública, en la oficina de servicios sociales o en la iglesia de su comunidad. El personal de la sección de consulta de la biblioteca local también le puede dar información sobre los programas de inglés como segundo idioma y enseñarle dónde encontrará los libros, las cintas de audio, los discos compactos y los programas computarizados de inglés como segundo idioma en la biblioteca.

Para encontrar el programa de inglés como segundo idioma más cercano a su domicilio, visite **www.literacydirectory.org**. También puede estudiar en línea al visitar **www.usalearns.org**.

Llame al 211 para obtener información sobre los servicios sociales

En muchos estados, ahora es posible llamar al 211 y pedir ayuda para localizar los servicios que necesita. Llame al 211 para averiguar dónde puede inscribirse en clases de inglés como segundo idioma en su vecindario. También puede llamar al 211 si necesita ayuda para obtener alimentos, vivienda u otros servicios sociales. Algunos estados y condados aún no ofrecen los servicios del 211. Para determinar si el 211 se encuentra disponible en su zona, visite **www.211.org**.

Atención médica

Por lo general, las personas en Estados Unidos pagan su propio servicio de atención médica, ya sea en forma directa o a través de un seguro. La atención médica es costosa, de modo que es una ventaja trabajar para un empleador que le ofrezca un seguro de salud o adquirir uno por cuenta propia. Es importante que usted y su familia obtengan un seguro de salud de inmediato.

Los empleadores podrían ofrecer un seguro de salud entre los beneficios que brindan a sus empleados. Algunos empleados pagan todo el costo de la cobertura de atención médica mensual, mientras que otros pagan únicamente una parte del costo. Este costo mensual se denomina "prima". Es posible que usted deba pagar parte de la prima. Generalmente, los empleadores deducen su parte de la prima de su salario. Algunos empleadores también le permitirán adquirir un seguro para su familia. Probablemente deba pagar más por esta cobertura.

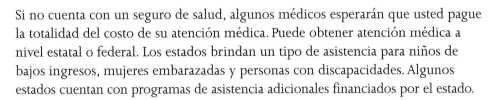

Si tiene un seguro de salud, los médicos podrán enviarle las facturas a su compañía de seguro de salud. Es posible que la compañía de seguro de salud pague una parte o la totalidad de dichas cuentas. Con frecuencia, usted paga un monto al médico o al proveedor de servicios cada vez que utiliza sus servicios de atención médica. Al pago que usted hace se le llama a veces copago (*co-payment*).

Si no cuenta con un seguro de salud, algunos médicos esperarán que usted pague la totalidad del costo de su atención médica. Puede obtener atención médica a nivel estatal o federal. Los estados brindan un tipo de asistencia para niños de bajos ingresos, mujeres embarazadas y personas con discapacidades. Algunos estados cuentan con programas de asistencia adicionales financiados por el estado.

Si usted necesita atención médica urgente, puede acudir a la sala de emergencias de un hospital que quede cerca de su domicilio para recibir tratamiento. Conforme a la ley federal, la mayoría de los hospitales con área de emergencias deben atender y tratar a las personas con emergencias de salud, aun en los casos en que no puedan pagar. De todas maneras, los proveedores de atención médica podrán emitir una factura por los servicios médicos brindados.

Al momento de tomar decisiones sobre salud, es importante que conozca dónde puede obtener la información más actualizada y confiable. Para obtener una gran variedad de recursos relacionados con temas de salud, visite **www.healthfinder.gov**.

Mercado de Seguro de Salud

El Mercado de Seguro de Salud (o intercambio de seguro de salud) es una manera de obtener un seguro de salud de calidad, asequible y que cubra sus necesidades. Puede ser útil en caso de que no cuente con un seguro médico por parte de su empleador o en caso de que no cumpla con los requisitos para obtener cobertura de Medicare, de Medicaid o del Programa de Seguro Médico para Niños (CHIP, por sus siglas en inglés). El Mercado le permitirá comparar algunos tipos de planes privados de seguro de salud, obtener respuestas a consultas, saber si cumple con los requisitos para recibir ayuda financiera para pagar el costo de la cobertura e inscribirse en un plan de atención médica que cubra sus necesidades. Los residentes permanentes y las personas que cuentan con un estatus migratorio legal pueden reunir los requisitos para obtener el seguro del Mercado. Para obtener información actualizada, visite **www.HealthCare.gov**.

Obtener un establecimiento de atención médica a bajo costo

La mayoría de las comunidades cuentan con al menos un establecimiento de atención médica que brinda servicios en forma gratuita o a bajo costo. En ocasiones, estas instituciones se conocen como "clínicas o centros de salud comunitarios". Para encontrar este tipo de recurso cerca de su domicilio, busque en Internet o consulte a una organización de asistencia al inmigrante que le informe si existe algún establecimiento de atención médica gratuito o a bajo costo en su zona.

En muchas zonas del país, el Departamento de Salud y Servicios Humanos de Estados Unidos financia establecimientos de atención médica que brindan atención médica básica para inmigrantes. Para localizar a un médico cerca de su domicilio, visite **http://findahealthcenter.hrsa.gov**.

Programas de salud a nivel estatal y federal

Medicare: Medicare es un programa de seguro de salud para personas de 65 años de edad o más, personas de menos de 65 años con discapacidades o personas que tienen una enfermedad renal terminal. Medicare paga la atención primaria y determinados servicios en caso de que usted esté enfermo o tenga alguna lesión. Para obtener más información acerca de la inscripción en el programa de Medicare, visite **www.medicare.gov/MedicareEligibiity/home.asp**.

Medicare tiene varias partes: la Parte A, la Parte B y la Parte D.

- La Parte A es el seguro del hospital que ayuda a cubrir la atención de pacientes en hospitales, establecimientos de enfermería especializados, hospicios y atención médica domiciliaria. La mayoría de las personas no paga la prima de la Parte A porque pagan los impuestos de Medicare al trabajar. Si no cumple con los requisitos para no pagar la prima de la Parte A, podrá adquirirla si cumple con determinadas condiciones.

- La Parte B es el seguro médico que ayuda a cubrir ciertos servicios, como los servicios que brinda el médico, la atención de pacientes ambulatorios, el equipo médico durable, la atención médica domiciliaria y otros servicios médicos, así como los servicios de prevención. Para obtener la cobertura incluida en la Parte B, es necesario pagar una prima mensual.

- La Parte D es la cobertura de medicamentos recetados que ayuda a cubrir los costos de determinados medicamentos que los médicos recetan para los tratamientos. La inscripción en un plan de la Parte D de Medicare es voluntaria, y es necesario pagar una prima mensual adicional para obtener esta cobertura.

Los residentes permanentes pueden recibir la Parte A, la Parte B y la Parte D de Medicare si cumplen con ciertas condiciones. Los residentes permanentes que tengan 65 años o más se inscribirán de forma automática en la Parte A de Medicare al momento de comenzar a recibir los beneficios de jubilación del Seguro Social. Si usted no tiene 65 años de edad, pero cumple con los requisitos por otras razones, llame a la oficina del Seguro Social más cercana a su domicilio para obtener información sobre la inscripción. Por lo general, para obtener beneficios de la Parte A de Medicare sin pagar la prima, usted deberá haber trabajado en Estados Unidos durante un período de 10 años (o 40 trimestres) de su vida. Para obtener más información acerca de Medicare y para descargar *Medicare y usted*, el manual oficial de Medicare del gobierno de Estados Unidos, visite **www.medicare.gov**. En este sitio, también puede obtener información en español.

Medicaid: Medicaid es un programa conjunto del gobierno federal y del gobierno estatal para personas con bajos ingresos. Cada estado tiene sus propias guías para recibir Medicaid. Medicaid paga servicios médicos, tales como las consultas médicas, los medicamentos recetados y la hospitalización. Es posible que los residentes permanentes que llegaron a Estados Unidos *antes* del 22 de agosto de 1996 puedan inscribirse en el programa de Medicaid si cumplen con ciertas condiciones.

Los residentes permanentes que llegaron a Estados Unidos el 22 de agosto de 1996, *ya sea en esa fecha o en fecha posterior*, posiblemente puedan inscribirse en este programa si han vivido en Estados Unidos durante 5 años o más y cumplen con ciertas condiciones. Para obtener más información acerca de los servicios de Medicaid en su estado, visite **www.medicaid.gov**.

Programa de Seguro Médico para Niños: es posible que sus hijos obtengan atención médica gratuita o a bajo costo a través de un Programa de Seguro Médico para Niños estatal si cumplen con ciertas condiciones. Si sus ingresos son demasiado elevados para reunir los requisitos para Medicaid, algunos estados cuentan con un programa de seguro de salud para bebés, niños y adolescentes. Este seguro paga por las consultas médicas, los medicamentos recetados, la hospitalización y otros servicios de atención médica. En la mayoría de los estados, quienes cumplen con los requisitos son los menores de 18 años sin seguro de salud cuyas familias cumplen con ciertos límites de ingresos. Los niños pueden obtener atención médica gratuita o a bajo costo sin afectar el estatus migratorio de sus padres.

Más información acerca de Medicaid y del Programa de Seguro Médico para Niños

Cada estado cuenta con sus propias normas para el Programa de Seguro Médico para Niños y para Medicaid, por lo que es importante que investigue acerca del programa en su estado. Para obtener más información al respecto, llame al 1-877-543-7669 o visite **www.insurekidsnow.gov**.

Otros programas federales de beneficios

Es posible que usted o los miembros de su familia reúnan las condiciones para recibir otros beneficios federales, según su estatus migratorio, el tiempo que han vivido en Estados Unidos y sus ingresos. Para obtener más información acerca de los servicios que se encuentran a su disposición, visite **www.benefits.gov**.

Programa Asistencial de Nutrición Suplementaria (SNAP, por sus siglas en inglés)

Es posible que algunos inmigrantes, incluidos los niños, cumplan con los requisitos del Programa Asistencial de Nutrición Suplementaria. Este programa le brinda financiación para ayudarlo a adquirir alimentos en tiendas de comestibles. Algunos estados tienen sus propios programas de cupones de alimentos financiados por el estado con diferentes normas de elegibilidad para los inmigrantes, que pueden variar según el estado. Para obtener más información acerca del Programa Asistencial de Nutrición Suplementaria y sus requisitos de elegibilidad, visite **www.fns.usda.gov/snap**. La información sobre el Programa Adicional de Nutrición Suplementaria se encuentra disponible en 36 idiomas diferentes en **www.fns.usda.gov/documents-available-other-languages**.

Servicios para sobrevivientes de violencia doméstica

Los inmigrantes y sus hijos sobrevivientes de violencia doméstica podrían reunir los requisitos para recibir beneficios y servicios federales, tales como albergues para mujeres maltratadas o los beneficios del Programa Asistencial de Nutrición Suplementaria. Para obtener más información acerca de estos servicios, visite **www.womenshealth.gov/violence-against-women**.

Asistencia Temporal para Familias Necesitadas (TANF, por sus siglas en inglés)

La Asistencia Temporal para Familias Necesitadas es un programa federal que brinda asistencia y oportunidades de empleo a familias de bajos ingresos que cumplen con ciertas condiciones. Los programas varían según el estado. Algunos estados tienen sus propios programas de asistencia financiados por el estado. Para obtener más información acerca de los requisitos de elegibilidad, visite **www.acf.hhs.gov/programs/ofa/programs/tanf**.

Asistencia a inmigrantes con discapacidades

Es posible que los inmigrantes con discapacidades reúnan los requisitos para los programas de Medicaid, el Programa Asistencial de Nutrición Suplementaria y la Seguridad de Ingreso Suplementario. Para obtener información acerca del programa de Seguridad de Ingreso Suplementario, visite **www.socialsecurity.gov/ssi**.

Centros vocacionales

El gobierno federal financia centros vocacionales que ofrecen información sobre capacitación, asesoría vocacional, oportunidades de empleo y otros servicios relacionados con el empleo. Algunos de estos centros también ofrecen a los inmigrantes clases de inglés como segundo idioma y capacitación en aptitudes laborales.

Para encontrar un centro vocacional cerca de su domicilio, visite **www.careeronestop.org** o **www.doleta.gov**.

Cómo mantener la seguridad de su vivienda y de su familia

Las situaciones de emergencia son acontecimientos inesperados que pueden causar daños a las personas y a la propiedad. Estas situaciones pueden ocurrirle a cualquier persona en cualquier momento. En esta sección le informamos acerca de cómo prepararse para enfrentar situaciones de emergencia y cómo obtener ayuda cuando ocurren.

Esté preparado

Prepárese para las situaciones de emergencia antes de que ocurran. Para aprender acerca de cómo prepararse para enfrentar situaciones de emergencia, visite **www.ready.gov**. Este abarcador sitio web brinda información acerca de cómo prepararse para enfrentar situaciones de emergencia, a fin de mantener la seguridad de su vivienda y de su familia.

A continuación, explicamos algunas medidas que usted puede tomar para prepararse:

- Asegúrese de que sus puertas tengan buenos seguros y manténgalas cerradas en todo momento. No entregue la llave de su vivienda a personas extrañas. Si una persona extraña llama a su puerta, pregunte quién es y qué desea antes de abrirla.

- Los detectores de humo hacen un ruido fuerte cuando hay humo en su casa o apartamento. Asegúrese de instalar detectores de humo en el techo cerca de los dormitorios y en cada piso de su vivienda. Examine cada detector una vez al mes para asegurarse de que funciona. Cambie las baterías de sus detectores de humo al menos una vez al año.

- Averigüe la dirección del hospital, del departamento de policía y de la estación de bomberos más cercanos a su domicilio. Guarde todos los números de teléfono importantes cerca de su teléfono, donde los pueda encontrar fácilmente ante una situación de emergencia.

- Averigüe dónde está la llave principal del gas, el interruptor de la electricidad y la llave principal del agua en su vivienda. Asegúrese de saber operarlas manualmente. Si no sabe dónde se encuentran, consulte al propietario de la vivienda, a la compañía local de servicios públicos o a los vecinos.

- Prepare una caja con artículos necesarios en caso de catástrofes. Incluya una linterna, una radio portátil, baterías adicionales, mantas, un botiquín de primeros auxilios, alimentos enlatados o empacados y agua embotellada suficiente para tres días. Incluya también bolsas de basura, papel higiénico y comida para sus mascotas si es necesario. Conserve todos estos artículos en un lugar donde los pueda encontrar con facilidad.

- Ensaye con su familia la manera de salir de su vivienda en caso de incendio u otra emergencia. Asegúrese de que sus hijos reconozcan el sonido de un detector de humo y sepan lo que deben hacer si lo oyen. Designe un lugar para reunirse con su familia si tiene que abandonar su vivienda. Escoja un lugar fuera de su vivienda y otro lugar fuera de su vecindario, en caso de que no pueda regresar a su vivienda. Pida a un amigo o a un familiar que viva en otra zona que sea la persona de contacto a quien sus familiares llamarán si se separan debido a una situación de emergencia. Asegúrese de que todos sepan a quién deben llamar y que tengan el número de teléfono de esa persona.

- Solicite información sobre los planes de emergencia en la escuela de su hijo. Asegúrese de que su hijo sepa qué hacer en el caso de una emergencia y dónde se puede encontrar con usted. Su hijo debe saber su número de teléfono y su dirección.

Lo que usted puede hacer

Para ayudar a mantener la seguridad de su vecindario, conozca a sus vecinos. Hable con ellos sobre cómo enfrentar una situación de emergencia en su zona. Si tiene vecinos discapacitados, consulte si necesitarán ayuda especial en caso de una situación de emergencia.

Muchos vecindarios cuentan con un servicio de vigilancia del vecindario, que instruye a los residentes acerca de cómo ayudarse unos a otros a identificar e informar actividades sospechosas en sus vecindarios. Si en su zona existe este servicio, puede ofrecerse a participar en forma voluntaria. Si usted desea organizar un servicio de vigilancia de este tipo, llame al departamento de policía local para obtener ayuda. Para obtener más información, visite **www.nnw.org**.

Cuando usted contribuye a la seguridad de los demás, ayuda a su comunidad y a la nación. Puede participar en los asuntos de su comunidad aún más por medio del Consejo de Organizaciones Ciudadanas. Para obtener más información, visite **www.citizencorps.gov**.

Primeros auxilios

Aprenda cómo puede ayudar a personas en ciertas situaciones de emergencia, por ejemplo, si una persona está sangrando o asfixiándose. Esto se denomina "primeros auxilios". Usted puede tomar una clase de capacitación de primeros auxilios en la Cruz Roja local. Llame a las oficinas de la Cruz Roja local o al Consejo de Seguridad Nacional para consultar sobre clases que se ofrezcan en su zona. Para obtener más información, visite **www.redcross.org** o **www.nsc.org/learn/Safety-Training/Pages/first-aid-training.aspx**.

Cuente con un botiquín de primeros auxilios en su vivienda, otro en el trabajo y otro en su automóvil. Un botiquín de primeros auxilios incluye artículos útiles para tratar heridas pequeñas o aliviar el dolor, tales como vendas, paños antisépticos, medicamentos, bolsas de hielo instantáneo y guantes. Puede comprar un botiquín de primeros auxilios en su farmacia local.

Control de productos tóxicos

Muchos productos caseros pueden ser tóxicos si son ingeridos. Puede tratarse de productos para la limpieza, medicamentos, pinturas, alcohol, cosméticos y hasta algunas plantas. Mantenga estos productos fuera del alcance de los niños.

Si una persona ingiere una sustancia tóxica, comuníquese de inmediato con el Centro de Toxicología llamando al 1-800-222-1222. Se puede obtener ayuda las 24 horas del día, los siete días de la semana. Tenga la sustancia tóxica a mano al momento de llamar para poder informarle a la operadora de qué sustancia se trata. Si no habla inglés, diga qué idioma habla para que un intérprete pueda ayudarlo. Las llamadas al Centro de Toxicología son confidenciales y gratuitas.

Manténgase informado

El Departamento de Seguridad Nacional de Estados Unidos reconoce que todos comparten la responsabilidad de la seguridad de la nación y deben conocer el alto riesgo de atentado terrorista que existe en Estados Unidos. El Departamento de Seguridad Nacional cuenta con un sistema para ayudar a que las personas comprendan el riesgo de un atentado terrorista o de cualquier otro tipo de amenaza a la seguridad de la nación. Este sistema se denomina Sistema Nacional de Avisos sobre Terrorismo (NTAS, por sus siglas en inglés).

Las alertas de este sistema se emiten cuando hay información creíble de que existe una amenaza a la seguridad de la nación. Los dos tipos de alertas son los siguientes:

- **Alerta de amenaza inminente:** esta alerta advierte sobre la existencia de una amenaza terrorista inminente, específica y creíble contra Estados Unidos.

- **Alerta de amenaza elevada:** esta alerta advierte sobre la existencia de una amenaza terrorista inminente creíble contra Estados Unidos.

Para obtener más información, visite **www.dhs.gov/alerts**.

Si desea recibir actualizaciones en su teléfono móvil, visite **www.twitter.com/NTASAlerts**.

El gobierno de Estados Unidos puede utilizar el Sistema Nacional de Avisos sobre el Terrorismo para brindar información al público ante una emergencia. La Secretaría de Seguridad Nacional puede utilizar este sistema para brindar información al público de inmediato si ocurre un atentado terrorista. Los gobiernos estatales y locales también pueden usar el sistema para brindar información al público sobre situaciones de emergencia.

CONSEJO

Ante un atentado terrorista, una catástrofe natural o cualquier otro tipo de situación de emergencia, préstele atención a lo que las autoridades locales le indiquen hacer. Escuche la radio o vea la televisión para recibir estas instrucciones. Tenga en su vivienda un televisor o una radio que funcione con baterías en caso de que se interrumpa temporalmente el servicio eléctrico en su zona.

Lo que usted puede hacer

El Departamento de Seguridad Nacional ayuda a que la ciudadanía esté al tanto de posibles peligros, para que esté en condiciones de reaccionar ante un atentado terrorista o una catástrofe natural. Además, le brinda información para ayudarlo a proteger a su familia, su vivienda y su comunidad. Llame al 1-800-BE-READY o visite **www.ready.gov**.

Usted puede obtener una copia de la publicación titulada en inglés *Are You Ready? An In-Depth Guide to Citizen Preparedness* (¿Está listo? Una guía completa para la preparación ciudadana). Esta guía contiene consejos prácticos que le ayudarán a proteger mejor a su familia, a su casa y a su comunidad. Puede obtener esta guía en la Agencia Federal para el Manejo de Emergencias al visitar **www.ready.gov/are-you-ready-guide**.

También puede obtener material informativo en el sitio web del Departamento de Seguridad Nacional en **www.ready.gov/publications**.

Responda a una emergencia

Ayuda por teléfono en casos de emergencia

En Estados Unidos, el 911 es el número al que debe llamar desde cualquier teléfono para obtener ayuda en casos de emergencia. El 911 debe utilizarse únicamente ante una situación de emergencia. Enséñele a su familia cuándo es adecuado llamar al 911 y cuándo no lo es. A continuación, se mencionan algunos ejemplos.

Llame al 911 para:

- Informar acerca de un incendio

- Informar acerca de un delito en curso

- Solicitar ayuda médica de emergencia

- Informar acerca de un escape de gas

- Informar acerca de actividades sospechosas, tales como gritos, llamados de socorro o disparos de armas de fuego.

No llame al 911 para:

- Pedir direcciones para llegar a algún sitio

- Pedir información sobre servicios públicos

- Averiguar si alguien está en la cárcel

- Informar acerca de situaciones que no son de emergencia

- Pedir información sobre el control de animales

- Hablar con un oficial de policía.

Llame al 911 únicamente en emergencias graves que representen una situación de vida o muerte. Si llama al 911 por un motivo equivocado, puede impedir que otra persona reciba la ayuda que necesita. Si usted tiene alguna pregunta de carácter policial, llame al número del departamento de policía para asuntos que no son de emergencia. Este número aparece en la guía telefónica.

¿Qué sucede cuando llamo al 911?

- Las llamadas al 911 se contestan generalmente en 12 segundos o menos. Es posible que lo hagan esperar. Cuando le respondan, habrá un silencio en la línea durante varios segundos. No cuelgue. Espere a que le hablen.

- Si usted no habla inglés, diga qué idioma habla. Probablemente, un intérprete deberá unirse a la llamada.

- El operador del 911 le hará preguntas para determinar cuál es la emergencia y dónde está sucediendo. Conserve la calma y conteste las preguntas. Trate de permanecer en línea hasta haber contestado todas las preguntas.

Cumplimiento de la ley en Estados Unidos

En Estados Unidos, existen agencias locales, estatales y federales encargadas de proteger y mantener el orden público. Los agentes del orden público en su comunidad son la policía o el alguacil. Averigüe el número de teléfono de la estación de policía más cercana a su domicilio y conserve este número cerca de su teléfono. Recuerde que la policía se dedica a proteger a usted y a su familia en caso de peligro. No tenga temor de denunciar un delito, particularmente si usted es la víctima. Algunos delincuentes se aprovechan de los inmigrantes porque piensan que estos no denunciarán el delito a la policía. Si lo detiene un oficial de policía:

- No tenga miedo.

- Sea cortés y coopere.

- Si no habla inglés, dígaselo al oficial de policía.

- Si está en un automóvil, no salga del automóvil antes de que el policía le diga que lo haga.

- Mantenga las manos donde las pueda ver el oficial de policía. No las meta en los bolsillos ni en otras partes del auto.

Ayuda en casos de catástrofes naturales

Las catástrofes naturales pueden ocurrir en cualquier momento y en cualquier lugar. Las catástrofes naturales se presentan de muchas formas, como tornados, huracanes, inundaciones o terremotos. En el caso de que lo afecte una catástrofe natural, acceda a la ayuda y a los recursos en casos de catástrofe en **www.disasterassistance.gov** o llamando al 1-800-621-FEMA (3362) o al 1-800-462-7585 (si tiene discapacidades auditivas).

If You See Something, Say Something™ (Si ve algo, diga algo)

Las autoridades federales y estatales piden a todas las personas que viven en Estados Unidos que ayuden a combatir el terrorismo. Esté pendiente de lo que ocurre a su alrededor, especialmente cuando viaja en autobuses públicos, trenes y aviones. Si observa que alguien ha dejado un paquete sospechoso, tal como un maletín, una mochila o una bolsa de papel, informe de inmediato al oficial de policía más cercano al lugar o a otra autoridad. ¡No abra el objeto sospechoso ni lo recoja! Para obtener más información, visite **www.dhs.gov**.

Aprenda sobre los Estados Unidos

Estados Unidos es una democracia representativa, y los ciudadanos desempeñan un papel muy importante en el gobierno del país. En esta sección, aprenderá sobre cómo los ciudadanos forjan el gobierno de Estados Unidos, cómo se fundó el país, cómo creció, y cómo funciona nuestro gobierno.

Nosotros, el Pueblo: la función de los ciudadanos en Estados Unidos

En los Estados Unidos de América, el gobierno recibe del pueblo su autoridad para gobernar. Tenemos un gobierno del pueblo, por el pueblo y para el pueblo. Los ciudadanos forjan su gobierno y las políticas de su gobierno, por lo cual deben mantenerse informados sobre los asuntos públicos de importancia y participar en la vida de sus comunidades. Los ciudadanos votan en elecciones libres para escoger a los funcionarios importantes del gobierno, como, por ejemplo, el presidente, el vicepresidente, los senadores y los miembros de la Cámara de Representantes. Los ciudadanos pueden comunicarse con los funcionarios públicos escogidos para expresar sus opiniones, pedir información u obtener ayuda en asuntos específicos.

Nuestro gobierno se basa en ciertos valores fundamentales: libertad, oportunidad, igualdad y justicia. Los ciudadanos comparten estos valores, los que a su vez les dan una identidad cívica en común.

El gobierno de Estados Unidos protege los derechos de cada persona. Nuestra nación está integrada por personas de diferentes orígenes, culturas y religiones. Su sistema de gobierno y sus leyes están organizados de modo que los ciudadanos de diferentes orígenes y con diferentes credos tengan los mismos derechos. No se permite castigar ni perseguir a nadie por tener una opinión o un credo distintos a los de otras personas.

Un gobierno del pueblo, por el pueblo y para el pueblo: ¿Qué es la democracia?

La palabra "democracia" significa "gobierno por el pueblo". La democracia puede asumir formas distintas en diferentes países. En Estados Unidos, la forma de gobierno es la de una democracia representativa. Esto significa que el pueblo escoge otros funcionarios que representarán sus opiniones e inquietudes.

El comienzo de los Estados Unidos

Muchos de los primeros colonizadores que vinieron a Estados Unidos eran personas que huían de tratos injustos en sus países de origen, especialmente de la persecución religiosa. Venían en busca de libertad y de oportunidades nuevas. Hoy día, muchas personas vienen a Estados Unidos por estas mismas razones.

Antes de convertirse en una nación separada e independiente, Estados Unidos estaba compuesto de 13 colonias gobernadas por Gran Bretaña. Los habitantes de las colonias no tenían voz ni voto en las leyes que se aprobaban o en la manera en que eran gobernados. Objetaban, en particular, el régimen tributario sin representación. Esto significa que el pueblo tenía la obligación de pagar impuestos, pero no tenía derecho a participar en las decisiones del gobierno.

Para 1776, muchas personas consideraban que este sistema era injusto y que debían gobernarse a sí mismas. Los representantes de las colonias proclamaron entonces su Declaración de Independencia. En este documento histórico, se declaró que las colonias eran libres e independientes y que ya no serían gobernadas por Gran Bretaña. Thomas Jefferson redactó la Declaración de Independencia y se convirtió después en el tercer Presidente de los Estados Unidos.

La Declaración de Independencia se firmó el 4 de julio de 1776. Los estadounidenses celebran el 4 de julio el Día de la Independencia porque ese es el aniversario del nacimiento de la nación.

Estados Unidos tuvo que luchar para liberarse de Gran Bretaña en la guerra de la Independencia. El general George Washington asumió el mando de las Fuerzas Armadas de la Revolución estadounidense. Por eso, se le conoce como el "padre de la Patria". Más tarde, se convirtió en el primer Presidente de los Estados Unidos.

Después de haber ganado la guerra, las colonias se convirtieron en estados. Cada estado tenía su propio gobierno. Los habitantes de estos estados querían crear una nueva forma de gobierno para unirse y formar una sola nación. Hoy día, este gobierno central, nuestro gobierno nacional, se conoce como "gobierno federal". El territorio de los Estados Unidos consta ahora de 50 estados, el Distrito de Columbia (una región especial que es la sede del gobierno federal), los territorios de Guam, Samoa Americana y las Islas Vírgenes de los Estados Unidos, la Mancomunidad de las Islas Marianas del Norte y el Estado Libre Asociado de Puerto Rico.

Estados Unidos y las trece colonias originales

Las trece colonias se fundaron en el siguiente orden: Virginia, Massachusetts, Maryland, Connecticut, Rhode Island, Delaware, Nuevo Hampshire, Carolina del Norte, Carolina del Sur, Nueva Jersey, Nueva York, Pensilvania y Georgia.

"Todos los hombres son creados iguales"

Muchos estadounidenses saben de memoria estas palabras de la Declaración de Independencia:

"Sostenemos como sagradas e innegables estas verdades: que todos los hombres son creados iguales e independientes, que de esa creación igual reciben derechos inherentes e inalienables, entre los cuales están la preservación de la vida, la libertad y la búsqueda de la felicidad".

Esto quiere decir que todas las personas nacen con los mismos derechos básicos. Ningún gobierno crea estos derechos, y ningún gobierno puede despojarnos de ellos.

La creación de "una Unión más perfecta"

Durante varios años después de la Revolución estadounidense, los estados trataron maneras diferentes de unirse mediante un gobierno central, pero este gobierno era demasiado débil. Por lo tanto, los representantes de cada estado se reunieron en Filadelfia, Pensilvania, en 1787 para crear un nuevo gobierno centralizado más fuerte. A esta reunión se le llamó la "Convención Constitucional". Después de extensos debates, los líderes de los estados redactaron un documento que describía al nuevo gobierno. A este documento se le llamó la "Constitución de los Estados Unidos". La Constitución describía cómo se organizaría el nuevo gobierno, la manera en que se escogerían sus funcionarios y los derechos que este gobierno central garantizaría a los ciudadanos. Hoy día, la Constitución sigue siendo uno de los documentos más importantes en la historia de Estados Unidos.

La bandera de Estados Unidos

La bandera de Estados Unidos ha evolucionado a lo largo de nuestra historia. La bandera tiene ahora 13 bandas que representan las 13 colonias estadounidenses originales. Tiene también 50 estrellas, una por cada estado. El himno nacional *The Star-Spangled Banner* (La bandera adornada de estrellas) fue escrito en torno a la bandera. A la bandera también se la conoce como *Old Glory* (Vieja gloria) o *Stars and Stripes* (Estrellas y rayas).

Los miembros de la Convención Constitucional aprobaron la Constitución el 17 de septiembre de 1787, y luego todos los 13 estados la tuvieron que aprobar. Algunas personas opinaban que la Constitución no ofrecía suficiente protección a los derechos individuales. Los estados acordaron aprobar la Constitución si se le agregaba una lista de derechos individuales. Los estados aprobaron la Constitución en 1788, y el documento entró en vigencia en 1789. Los cambios a la Constitución se llaman "enmiendas". Las primeras 10 enmiendas de la Constitución se agregaron en 1791. Estas primeras 10 enmiendas enumeran los derechos individuales. A estas se les llama la "Carta de Derechos".

Estados Unidos es una nación gobernada por leyes. Los funcionarios del gobierno toman decisiones basadas en esas leyes. A la Constitución se la conoce como "ley suprema del país" porque todos los ciudadanos, incluso todos los funcionarios del gobierno, y todas las nuevas leyes deben ceñirse a los principios de la Constitución. Las leyes se aplican a todos por igual. El gobierno federal tiene poderes limitados. Aquellos poderes que no se otorgan directamente al gobierno federal por la Constitución son prerrogativa de los estados.

"Nosotros, el Pueblo"

"Nosotros, el Pueblo" son las tres primeras palabras de la Constitución de los Estados Unidos de América. En la Constitución, se explica en primer lugar su razón de ser y su propósito. Esta sección se denomina "preámbulo". El preámbulo de la Constitución declara:

"Nosotros, el Pueblo de los Estados Unidos, a fin de formar una unión más perfecta, establecer justicia, asegurar la tranquilidad interior, proveer a la defensa común, promover el bienestar general y asegurar para nosotros mismos y para nuestros descendientes los beneficios de la libertad, proclamamos e instituimos esta Constitución para los Estados Unidos de América".

La Carta de Derechos: las 10 primeras enmiendas

Los primeros cambios a la Constitución se realizaron para proteger a los ciudadanos individuales y para limitar el poder del gobierno. En la Carta de Derechos se enumeran las libertades importantes prometidas al pueblo estadounidense. Estos derechos incluyen:

- **La libertad de expresión:** usted es libre de pensar y decir lo que desea.

- **La libertad religiosa:** usted es libre de practicar cualquier religión o de no practicar religión alguna.

- **La libertad de prensa:** el gobierno no puede decidir lo que se publica o se informa en los medios.

- **Libertad de reunión en lugares públicos:** usted es libre de reunirse con otras personas de manera pacífica.

- **Libertad para protestar en contra de las acciones del gobierno y para exigir cambios:** usted es libre de desafiar las acciones del gobierno con las que no está de acuerdo.

En la mayoría de los casos, la Carta de Derechos protege su derecho de portar armas. En la Carta de Derechos también se garantiza el derecho a recibir un proceso legal justo. Este proceso es un conjunto de procedimientos jurídicos específicos que deben respetarse cuando le acusa a alguien de un delito. Ningún oficial de policía u oficial militar puede detenerlo o investigarlo sin causa justificada, ni puede investigar la vivienda de una persona sin el permiso previo de un tribunal. Si a usted se lo acusa de un crimen, se le garantiza un juicio sin demoras en presencia de un jurado integrado por personas como usted. También se le garantiza representación legal y el derecho a llamar a testigos para que hablen en su favor. Usted también está protegido en contra de sanciones inusuales y crueles.

Cambios a la Constitución

Se considera que la Constitución de los Estados Unidos de América es un documento vivo porque el pueblo estadounidense, por medio de sus representantes estatales y nacionales, puede cambiarla cuando sea necesario. Estos cambios se llaman "enmiendas". Enmendar la Constitución es un largo y difícil proceso y solo se ha llevado a cabo 27 veces. Aparte de la Carta de Derechos, las enmiendas importantes incluyen la decimotercera, que prohíbe la esclavitud; la decimocuarta, que garantiza a todos los ciudadanos una protección equitativa ante la ley y la decimonovena, que otorga a las mujeres el derecho al voto.

El funcionamiento del gobierno federal

Las 13 colonias originales habían estado bajo el poder absoluto del rey de Gran Bretaña. Al crear su nuevo gobierno central, los estadounidenses decidieron evitar la concentración de poder en un solo funcionario o en un solo cargo del gobierno. Por medio de la Constitución, se crearon tres poderes en el gobierno federal, con el propósito de establecer un equilibrio. Los tres poderes tienen responsabilidades diferentes. Este sistema se denomina "sistema de equilibrio de poderes". Ningún sector del gobierno puede hacerse demasiado poderoso porque está equilibrado por los otros dos sectores.

El gobierno federal

Los tres poderes del gobierno federal son:

El Poder Legislativo
El Congreso de Estados Unidos y las oficinas relacionadas

El Poder Ejecutivo
El presidente, el vicepresidente y los departamentos del gobierno federal

El Poder Judicial
La Corte Suprema de Justicia y las cortes federales de todo el país

El Poder Legislativo: el Congreso

Los ciudadanos de cada uno de los estados votan en elecciones libres para escoger a sus representantes en el Congreso de Estados Unidos. El Congreso tiene la responsabilidad de crear las leyes de la nación. El Congreso está integrado por la Cámara de Representantes y el Senado.

La Cámara de Representantes de Estados Unidos

Los ciudadanos de todos los estados votan para escoger a los miembros de la Cámara de Representantes. Hay 435 miembros en la Cámara de Representantes. El número de representantes de cada estado depende del número de habitantes en ese estado. Cada estado está dividido en distritos. Los habitantes de cada distrito votan a una persona que represente a su distrito en la Cámara de Representantes. Los representantes ocupan su cargo durante dos años. Después de este período, los ciudadanos tienen la oportunidad de votar a los mismos representantes o escoger representantes diferentes. Los representantes pueden formar parte del Congreso durante un período indefinido.

Existen cinco delegados adicionales en la Cámara de Representantes; estos son los representantes del Distrito de Columbia, la Mancomunidad de las Islas Marianas del Norte, los territorios de Guam, Samoa Americana y las Islas Vírgenes de Estados Unidos. Un comisionado residente representa a Puerto Rico.

La Cámara de Representantes hace leyes y tiene algunas responsabilidades especiales. Solamente la Cámara de Representantes puede:

- Proponer leyes sobre impuestos

- Decidir si el Senado debe enjuiciar a un funcionario del gobierno acusado de un delito contra el país. Este proceso se conoce como "impugnación".

El Senado de Estados Unidos

El Senado está integrado por 100 senadores. Los ciudadanos de cada estado votan para escoger a dos senadores para que los representen en el Congreso. Los senadores ocupan su cargo durante seis años. Después de este período, los ciudadanos tienen la oportunidad de votar a los mismos senadores o escoger a otros senadores. Los senadores pueden formar parte del Congreso durante un período indefinido. Los senadores hacen leyes y tienen otras responsabilidades especiales.

Solamente el Senado puede:

* Aprobar o rechazar los acuerdos que el presidente celebre con otro países u organizaciones de países. Estos acuerdos reciben el nombre de "tratados".

* Aprobar o rechazar el nombramiento de cualquier persona escogida por el presidente para ocupar un cargo de alto nivel, tales como los magistrados de la Corte Suprema o los funcionarios que dirigen departamentos federales, como, por ejemplo, el Departamento de Educación o el Departamento de Salud y Servicios Humanos.

* Enjuiciar a un funcionario del gobierno que haya recibido la impugnación de la Cámara de Representantes.

Los funcionarios del gobierno están al servicio del pueblo

En Estados Unidos, cualquier persona puede llamar a su representante y a sus senadores electos. Visite **www.house.gov** o **www.senate.gov** para identificar a su representante o senador. Puede llamar al 202-224-3121 y solicitar que lo comuniquen con las oficinas de su representante o de sus senadores. La llamada no es gratuita. Puede también escribirles para hacerles preguntas o expresarles su opinión acerca de las propuestas legislativas y del gobierno federal, o si tiene algún problema con sus beneficios federales y necesita ayuda para resolverlo.

Para escribir a su representante:

The Honorable (agregue el nombre completo del representante)
U.S. House of Representatives
Washington, DC 20515

Para escribir a su senador:

The Honorable (agregue el nombre completo del senador)
United States Senate
Washington, DC 20510

Usted puede visitar los sitios web del Congreso para enterarse de las actividades actuales de la Cámara de Representantes y del Senado y para recibir información sobre su propio representante o sus senadores, incluso las direcciones de sus sitios web.

* Para la Cámara de Representantes, visite **www.house.gov**.

* Para el Senado, visite **www.senate.gov**.

Lo que usted puede hacer

Obtenga información acerca de sus representantes y senadores, así como de las gestiones que realizan en representación suya en el Congreso. Esto lo puede hacer leyendo artículos en su periódico local y consultando los sitios web del Congreso. Todos los senadores y representantes tienen oficinas locales en sus comunidades. Puede encontrarlas en la guía telefónica o por nombre en Internet. Si va de visita a Washington, DC, puede participar gratis de un recorrido del Capitolio, donde el Congreso se reúne en sesión.

El Poder Ejecutivo: el presidente

El presidente es el líder del poder ejecutivo y tiene la responsabilidad de defender y de hacer cumplir las leyes del país. El presidente tiene muchas otras responsabilidades, como, por ejemplo, establecer políticas nacionales, presentar leyes a la consideración del Congreso y escoger funcionarios de alto nivel y miembros de la Corte Suprema de Justicia. El presidente es también el líder de las Fuerzas Armadas de Estados Unidos y se le llama "Comandante en Jefe".

Cada cuatro años, los ciudadanos votan en elecciones para escoger al presidente y al vicepresidente. El presidente puede ocupar el cargo durante dos períodos de cuatro años solamente. El vicepresidente pasa a ocupar el cargo de presidente si el presidente muere, renuncia o no puede continuar ejerciendo sus funciones.

Puede obtener información sobre el presidente al visitar el sitio web de la Casa Blanca, la residencia del presidente: **www.whitehouse.gov**.

El Poder Judicial: la Corte Suprema de Justicia

En la Constitución se creó la Corte Suprema de Justicia, el tribunal de más alto rango del país. A los nueve jueces que integran la Corte Suprema se les llama "magistrados". El presidente escoge a los miembros de la Corte Suprema, quienes pueden desempeñar su cargo durante un período indefinido mientras estén capacitados para hacerlo. La Corte Suprema puede invalidar leyes tanto estatales como federales si entran en conflicto con la Constitución. También existen otros tribunales federales, tales como los Tribunales de Distrito estadounidenses y los Tribunales de Circuito de Apelación estadounidenses.

Para obtener más información acerca de la Corte Suprema de Estados Unidos, visite **www.supremecourt.gov**.

El gobierno estatal y el gobierno local

Además del gobierno federal, cada estado tiene su propia constitución y su propio sistema de gobierno. El sistema estatal también tiene tres poderes: Legislativo, Ejecutivo y Judicial.

El líder del Poder Ejecutivo estatal es el gobernador. Los ciudadanos de cada estado votan en elecciones para escoger a su gobernador y a sus representantes en la legislatura estatal. La legislatura estatal crea las leyes de cada estado. Estas leyes no pueden violar lo establecido en la Constitución de los Estados Unidos. El poder judicial de cada estado sostiene la ley del estado correspondiente.

Cada estado también tiene gobiernos locales. Puede haber gobiernos municipales o del condado y, en algunos casos, existen ambos. Los gobiernos locales prestan y supervisan muchos servicios en la comunidad local, como, por ejemplo, las escuelas públicas y bibliotecas, los departamentos de policía y de bomberos, y los servicios públicos de electricidad, agua y gas. Generalmente, los ciudadanos de las comunidades escogen a los funcionarios del gobierno local por votación, pero algunos de estos funcionarios obtienen sus cargos por nombramiento. Existen varios tipos de gobiernos locales. En algunos, los líderes son los alcaldes; otros funcionan por medio de concejos municipales o del condado. En las comunidades, también hay juntas escolares integradas por ciudadanos escogidos o nombrados para supervisar la operación de las escuelas públicas.

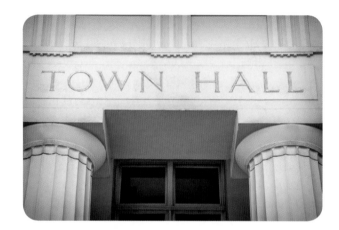

Lo que usted puede hacer

Muchas reuniones del gobierno local están abiertas al público y se llevan a cabo de noche para que cualquiera pueda asistir. Usted puede, por ejemplo, asistir a una sesión del concejo municipal o a una reunión de la junta escolar para saber más acerca de lo que sucede en su comunidad. El horario y el lugar de la reunión se suelen publicar en el periódico local o en el sitio web del gobierno local. Algunas reuniones del gobierno local se transmiten en el canal de cable local.

Viva la experiencia estadounidense

Usted puede aprender más acerca de Estados Unidos si visita los parques nacionales, que incluyen algunos de los lugares más históricos y majestuosos de nuestra nación. Usted puede vivir la experiencia estadounidense en los parques nacionales, como:

- El Parque Nacional de Yellowstone, con la colección de géiseres más grande del mundo, incluido Old Faithful

- El Parque Nacional Histórico de la Independencia, hogar del Independence Hall y de la Campana de la Libertad

- El Parque Nacional Mammoth, que cuenta con el sistema de cuevas más largo del mundo

- El Parque Nacional y la Reserva Denali, sitio en donde se encuentra la montaña más alta de Norteamérica, Mount McKinley.

El Sistema de Parques Nacionales cuenta con más de 400 monumentos nacionales, campos de batalla, sitios históricos, playas y más. Los parques nacionales se ubican en cada estado, en el Distrito de Columbia y en cinco territorios estadounidenses.

Para obtener más información acerca de los parques nacionales, visite el sitio web del Servicio de Parques Nacionales: **www.nps.gov**.

Convertirse en ciudadano estadounidense

Convertirse en ciudadanos estadounidenses confiere a los residentes permanentes nuevos derechos y privilegios. La ciudadanía también implica nuevas responsabilidades. En esta sección, se analizan los motivos para considerar la ciudadanía estadounidense y se explica lo que usted necesita hacer para convertirse en ciudadano.

Razones para adquirir la ciudadanía estadounidense

Para convertirse en ciudadano, usted debe estar dispuesto a lo siguiente:

- Jurar su lealtad a Estados Unidos

- Renunciar a su afiliación a cualquier otro país

- Apoyar y defender a Estados Unidos y a su Constitución.

Al obtener la ciudadanía, usted deberá aceptar todas las responsabilidades de un ciudadano estadounidense. A cambio de esto, adquirirá ciertos derechos y privilegios. Los residentes permanentes tienen la mayoría de los derechos de los ciudadanos estadounidenses, pero hay muchas razones importantes para considerar obtener la ciudadanía estadounidense, tales como:

- **Votar:** solamente los ciudadanos pueden votar en las elecciones federales. En la mayoría de los estados, solo los ciudadanos estadounidenses están autorizados a votar en las elecciones.

- **Servir como miembro de un jurado:** solamente los ciudadanos estadounidenses pueden formar parte de un jurado federal. En la mayoría de los estados, únicamente los ciudadanos estadounidenses están autorizados a formar parte de un jurado. Ser jurado es una responsabilidad importante de los ciudadanos estadounidenses.

- **Viajar con pasaporte estadounidense:** el pasaporte estadounidense le permitirá recibir ayuda de nuestro gobierno en el extranjero si la necesita.

- **Traer a familiares a Estados Unidos:** los ciudadanos estadounidenses generalmente tienen prioridad cuando solicitan traer a sus familiares a este país a residir aquí de forma permanente.

- **Obtener la ciudadanía para hijos nacidos en el extranjero:** en la mayoría de los casos, los hijos de ciudadanos estadounidenses que nacen en el extranjero adquieren automáticamente la ciudadanía estadounidense.

- **Ocupar cargos del gobierno federal:** ciertos empleos en agencias del gobierno requieren la ciudadanía estadounidense.

- **Capacidad para ocupar cargos electorales:** solamente a los ciudadanos estadounidenses se les permite aspirar un cargo federal y a la mayoría de los cargos estatales y locales.

- **Mantener la residencia:** a los ciudadanos estadounidenses no se les puede quitar el derecho a permanecer en Estados Unidos.

- **Obtener subvenciones y becas federales:** muchas subvenciones de ayuda financiera, incluidas becas universitarias y otros fondos donados por el gobierno para fines específicos, se otorgan solamente a ciudadanos estadounidenses.

- **Obtener prestaciones del gobierno:** algunos beneficios del gobierno se otorgan exclusivamente a ciudadanos estadounidenses.

Cómo obtener información acerca de la naturalización

Las personas de 18 años de edad o más que desean obtener la ciudadanía estadounidense deben solicitar el Manual M-476, Guía para la Naturalización. Esta guía contiene información importante acerca de los requisitos para la naturalización. También enumera los formularios necesarios para iniciar este proceso.

Para determinar si reúne los requisitos para solicitar la naturalización, visite el sitio web del Centro de Recursos de Ciudadanía: **www.uscis.gov/citizenship**. Utilice el Formulario N-400, Solicitud de Naturalización, para solicitar la naturalización. Es necesario pagar una tarifa al presentar el Formulario N-400. Para consultar la tarifa que se debe pagar para hacer la presentación del Formulario N-400 o de cualquier otro formulario de USCIS, visite **www.uscis.gov/es/tarifas-de-presentacion**.

Para obtener el Manual M-476 y el Formulario N-400, llame a la Línea de Petición de Formularios de USCIS al 1-800-870-3676 u obténgalos en **www.uscis.gov/es/formularios**.

Para obtener información más específica acerca de las políticas de USCIS y los requisitos de elegibilidad de naturalización, consulte el *Manual de Políticas* de USCIS en **www.uscis.gov/policymanual**. El *Manual de Políticas* es el repositorio centralizado en línea de USCIS para las políticas de inmigración.

Naturalización: convertirse en ciudadano estadounidense

Al proceso para obtener la ciudadanía se le llama "naturalización". Usted puede iniciar este proceso cuando haya cumplido con los requisitos que se enumeran a continuación.

Requisitos para la naturalización

1. Residencia continua: haber vivido en Estados Unidos como residente permanente durante un período específico.

2. Presencia física: demostrar que ha estado físicamente presente en Estados Unidos durante un período específico.

3. Tiempo en el estado o en un distrito de USCIS: demostrar que ha vivido en su estado o en un distrito de USCIS durante un período específico.

4. Buen carácter moral: demostrar que se ha comportado de manera aceptable y conforme a la ley.

5. Dominio del inglés y educación cívica: dominar el inglés y tener información sobre la historia y el gobierno de los Estados Unidos de América.

6. Adhesión a la Constitución: comprender y aceptar los principios de la Constitución de los Estados Unidos.

Es posible que reúna las condiciones para ciertas excepciones y modificaciones si:

- Usted nació en Estados Unidos

- Usted está empleado en el extranjero en una categoría que reúne las condiciones

- Usted cuenta con servicio militar cualificado

- Usted es cónyuge, hijo o padre de ciertos ciudadanos estadounidenses.

Consulte el Manual M-476, Guía para la Naturalización, para obtener más información en **www.uscis.gov/natzguide**. Es posible que le convenga consultar también a un abogado de inmigración u a otro representante acreditado de la Junta de Apelaciones de Inmigración. Para obtener más información, consulte la página 21.

1. Residencia continua

"Residencia continua" significa que usted debe haber vivido en Estados Unidos como residente permanente durante cierto período. La mayoría de las personas deben conservar su residencia continua como residentes permanentes durante cinco años (o durante tres años, si su cónyuge es ciudadano estadounidense) antes de poder iniciar su proceso de naturalización.

La fecha en la que se convierte en residente permanente (por lo general, la fecha que figura en su Tarjeta de Residente Permanente) es la fecha en la que comienzan sus cinco años. Si usted está fuera de Estados Unidos durante un período largo, generalmente seis meses o más, es posible que ello "interrumpa" la continuidad de su residencia.

Si usted sale de Estados Unidos durante un año o más, es posible que pueda volver al país si tiene un permiso de reingreso. Debe solicitar este permiso antes de viajar fuera de Estados Unidos. Consulte la página 17 para obtener información sobre cómo solicitarlo. En la mayoría de los casos, el tiempo que usted estuvo en EE. UU. no se contará para calcular la duración de su residencia continua. Esto significa que su residencia continua deberá iniciarse nuevamente **después** de su regreso a Estados Unidos, y es posible que tenga que esperar hasta cuatro años y un día antes de poder solicitar la naturalización.

Además, si debe salir de Estados Unidos por razones laborales, es posible que necesite presentar un Formulario N-470, Solicitud para Conservar la Residencia para Propósitos de Naturalización, con el fin de que pueda conservar su estatus de residente permanente y pueda obtener la naturalización.

Tenga presente que, mientras su solicitud de naturalización esté pendiente, sus salidas fuera del país podrían causarle problemas de elegibilidad, especialmente si acepta un empleo en el extranjero.

CÓMO CONSERVAR SU RESIDENCIA CONTINUA COMO RESIDENTE PERMANENTE		
Si sale de Estados Unidos por:	Su estatus de residencia:	Para conservar su estatus, usted deberá:
Más de seis meses	Posiblemente se interrumpa	Comprobar que continuó viviendo, trabajando o manteniendo vínculos con Estados Unidos (por ejemplo, siguió pagando impuestos) mientras estuvo fuera del país.
Más de un año	Se interrumpe	En la mayoría de los casos, es necesario reiniciar el período de residencia continua. Solicitar un permiso de reingreso antes de salir si piensa regresar a Estados Unidos como residente permanente. Es posible que también necesite presentar el Formulario N-470, Solicitud para Conservar la Residencia para Propósitos de Naturalización.

Cómo conservar su residencia para propósitos de naturalización: exenciones para salidas fuera del país de un año

Si usted trabaja para el gobierno de Estados Unidos, para una institución de investigación de Estados Unidos de renombre o para ciertas empresas estadounidenses, o si es miembro del clero y trabaja en el extranjero, es posible que pueda conservar su residencia continua si:

1. Ha estado físicamente presente en Estados Unidos y ha permanecido en el país sin salir de él durante por lo menos un año después de haber recibido su residencia permanente.

2. Presenta el Formulario N-470, Solicitud para Conservar la Residencia para Propósitos de Naturalización, antes de estar fuera del país durante un año. Es necesario pagar una tarifa al presentar el Formulario N-470. Para consultar la tarifa que se debe pagar para presentar el Formulario N-470 o cualquier otro formulario de USCIS, visite **www.uscis.gov/es/tarifas-de-presentacion**.

Para obtener más información, llame a la Línea de Petición de Formularios de USCIS al 1-800-870-3676 y solicite el Formulario N-470. También puede obtener este formulario al visitar el sitio web de USCIS: **www.uscis.gov/es/formularios**.

CONSEJO

El permiso de reingreso (Formulario I-131, Solicitud de Documento de Viaje) no equivale al Formulario N-470, Solicitud para Conservar la Residencia para Propósitos de Naturalización. Usted puede presentar un permiso de reingreso en lugar de su Tarjeta de Residente Permanente (si ha estado fuera del país durante menos de 12 meses) o en lugar de una visa (si ha estado fuera del país durante más de 12 meses) cuando quiera reingresar en Estados Unidos después de una ausencia temporal. Sin embargo, si desea solicitar la naturalización y ha estado fuera del país durante más de 12 meses, necesitará presentar también el Formulario N-470 para conservar la residencia para propósitos de naturalización.

Exenciones para el personal de las Fuerzas Armadas

Si usted es miembro activo de las Fuerzas Armadas de Estados Unidos o si fue dado de baja de ellas recientemente, es posible que los requisitos de su residencia continua y de su presencia física en el país no apliquen en su caso. El Manual M-599, Información de Naturalización para Personal Militar, contiene más información sobre este asunto. Todas las bases militares tienen personal de contacto para manejar las solicitudes de naturalización y de certificarlas mediante un Formulario N-426, Solicitud de Certificación de Servicio Militar o Naval. Usted deberá presentar el Formulario N-426 junto con sus formularios de solicitud. Para obtener los formularios que necesita, llame a la Línea de Ayuda a Militares de USCIS al 1-877-CIS-4MIL (1-877-247-4645). Puede encontrar más información en **www.uscis.gov/es/militares** o bien al llamar al Centro Nacional de Servicio al Cliente al 1-800-375-5283.

2. Presencia física

Su presencia física en el país significa que ha estado realmente presente en Estados Unidos. Si usted es residente permanente, deberá haber estado físicamente en Estados Unidos durante 30 meses como mínimo durante los últimos cinco años (o 18 meses durante los últimos tres años, si su cónyuge es ciudadano estadounidense), antes de solicitar la naturalización.

Diferencia entre presencia física y residencia continua

La presencia física es la cantidad total de días que estuvo en Estados Unidos y no incluye el tiempo durante el que estuvo fuera de Estados Unidos. Cada día que usted esté fuera del país se restará del número total de días de presencia física. Si ha estado fuera de Estados Unidos durante períodos prolongados o si hace muchos viajes cortos fuera del país, es posible que no cumpla con el requisito de presencia física. Para calcular su tiempo de presencia física, sume todos los días que ha permanecido en Estados Unidos y luego reste de esta suma los días pasados en todos los viajes que haya hecho fuera de los Estados Unidos. Esto incluye viajes cortos a Canadá y México. Por ejemplo, si viaja a México durante un fin de semana, deberá incluir este viaje al calcular los días que pasó fuera del país.

La residencia continua es el número total de días que usted ha vivido como residente permanente en Estados Unidos antes de presentar su solicitud de naturalización. Si ha estado demasiado tiempo fuera del país durante un solo viaje, esto podría interrumpir el tiempo de su residencia continua.

3. Tiempo en el estado o en un distrito de USCIS

La mayoría de las personas deben haber vivido durante por lo menos tres meses en el estado o en un distrito de USCIS donde solicitan la naturalización. Los estudiantes deben solicitar la naturalización en el lugar donde cursan sus estudios o donde vive su familia (si dependen de sus padres para su manutención).

4. Buen carácter moral

Para cumplir con los requisitos para la naturalización, la persona debe tener un buen carácter moral. Se considera que una persona no tiene un buen carácter moral si ha cometido cierto tipo de delitos durante los cinco años antes de solicitar la naturalización o si ha mentido durante su entrevista para obtener la naturalización.

Tipos de conducta que podrían indicar ausencia de un buen carácter moral

- Conducir en estado de embriaguez o estar en ese estado con frecuencia

- Hacer apuestas ilegales

- Dedicarse a la prostitución

- Mentir para obtener beneficios de inmigración

- Dejar de pagar la manutención o la pensión alimenticia de un menor de edad, ordenada por un tribunal

- Maltratar a alguien por su raza, religión, origen nacional, opinión política o grupo social.

Si usted comete ciertos delitos específicos, no podrá adquirir nunca la ciudadanía estadounidense y, probablemente, será expulsado del país. A estos delitos se los llama "impedimentos permanentes para la naturalización". Los siguientes constituyen delitos graves con circunstancias agravantes (cometidos el 29 de noviembre de 1990 o posteriormente): asesinato, violación sexual, abuso sexual de un menor de edad, agresión violenta, traición y tráfico ilegal de drogas, armas de fuego o trata de personas. En la mayoría de los casos, no se permite que adquieran la ciudadanía inmigrantes exonerados del servicio militar o dados de baja de las Fuerzas Armadas de Estados Unidos porque eran inmigrantes, ni inmigrantes que desertaron de las Fuerzas Armadas.

A usted también se le puede denegar la ciudadanía si se conduce en otras formas que demuestren que carece de buen carácter moral.

Otros delitos constituyen impedimentos temporales para la naturalización. Estos impedimentos temporales generalmente obstruyen el proceso de naturalización durante un máximo de cinco años después de la fecha en que se cometió el delito. Entre ellos, se encuentran los siguientes:

- cualquier delito contra una persona con la intención de hacerle daño

- cualquier delito contra la propiedad o contra el gobierno que esté relacionado con un fraude

- dos o más delitos con sentencias penales combinadas de cinco años o más

- violación de las leyes sobre sustancias controladas (por ejemplo, el uso o la venta de drogas ilícitas) y

- detención en una cárcel o prisión durante más de 180 días en los últimos cinco años.

Declare cualquier delito que haya cometido al solicitar la naturalización. Esto incluye delitos removidos de su historial y delitos que cometió antes de cumplir los 18 años de edad. Si no declara estos delitos ante USCIS, se le podría negar la ciudadanía y podría encausárselo por ello.

5. Dominio del inglés y educación cívica

En general, usted debe demostrar su capacidad para leer, escribir y hablar con un nivel básico de inglés. También debe tener un conocimiento básico de la historia y el gobierno de Estados Unidos (educación cívica). Se requiere que usted apruebe un examen de inglés y de educación cívica para poner a prueba sus conocimientos.

Muchas escuelas y organizaciones comunitarias ayudan a los inmigrantes a prepararse para dar exámenes de ciudadanía. Puede encontrar preguntas de examen en **www.uscis.gov/es/ciudadania** y en **www.uscis.gov/es/materiales-de-estudios**. USCIS ofrece gratis una variedad de material de estudio, como folletos, tarjetas educativas, exámenes de práctica y vídeos. Puede obtener información acerca de la ciudadanía y las clases de inglés en **www.uscis.gov/es/ciudadania**.

6. Adhesión a la Constitución

Usted debe estar dispuesto a apoyar y defender a los Estados Unidos de América y a su Constitución. Usted declarará su adhesión o lealtad a Estados Unidos y a la Constitución al hacer el *Juramento de Lealtad*. Usted se convertirá en ciudadano estadounidense al hacer este *juramento*.

En algunos casos, es posible que haya una modificación en el *Juramento de Lealtad* a la nación. Se le puede eximir de realizar dicho *juramento* si demuestra que tiene una discapacidad física o de desarrollo que no le permita comprender su significado.

Si usted tiene una solicitud de naturalización pendiente y se muda, deberá notificar a USCIS su nueva dirección. Presente un Formulario AR-11, Cambio de Dirección, dentro de los 10 días posteriores a su mudanza. Para obtener más información o para modificar su dirección en línea, visite **www.uscis.gov/es/cambiodireccion** o llame al Centro Nacional de Servicio al Cliente al 1-800-375-5283. **Cada vez** que cambie de dirección, debe notificar el cambio a USCIS.

Exenciones, excepciones y adaptaciones

Exenciones a los requisitos de inglés y educación cívica

Algunas personas que solicitan la naturalización deben cumplir con requisitos diferentes para los exámenes antes mencionados debido a su edad y al tiempo que han vivido en Estados Unidos.

EXENCIONES A LOS REQUISITOS DE INGLÉS Y EDUCACIÓN CÍVICA

Si usted:	Ha sido residente permanente de Estados Unidos durante:	No es necesario que tome:	Debe tomar:
50 años de edad o más	20 años	Examen de inglés	Examen de educación cívica en su idioma
55 años de edad o más	15 años	Examen de inglés	Examen de educación cívica en su idioma
65 años de edad o más	20 años	Examen de inglés	Examen simplificado de educación cívica en su idioma

Si no tiene que tomar el examen de inglés, debe traer su propio intérprete para realizar el examen de educación cívica.

Excepciones médicas

Si tiene una discapacidad física o de desarrollo o un impedimento mental, puede consultar las excepciones a los requisitos de inglés y educación cívica. Para obtener más información, comuníquese con la Línea de Petición de Formularios de USCIS al 1-800-870-3676 y solicite el Formulario N-648, Certificación Médica para Excepciones de Discapacidad, u obtenga una copia en el sitio web de USCIS en **www.uscis.gov/es/n-648**.

Ajustes por discapacidad

USCIS hace lo posible para ayudar a los solicitantes con discapacidades a completar el proceso de naturalización. Por ejemplo, si utiliza una silla de ruedas, USCIS se asegurará de que puedan tomarle las huellas digitales, lo puedan entrevistar y lo puedan naturalizar en un lugar al que se pueda acceder con silla de ruedas. Si es sordo o tiene discapacidades auditivas y necesita un intérprete de lenguaje de señas, USCIS hará arreglos con usted para que tenga uno disponible al momento de su entrevista. Si necesita algún ajuste por una discapacidad, comuníquese con el Centro Nacional de Servicio al Cliente al 1-800-375-5283 o al 1-800-767-1833 (si tiene discapacidades auditivas).

Ceremonias de naturalización

Si USCIS aprueba su solicitud de naturalización, usted deberá asistir a una ceremonia y hacer el *Juramento de Lealtad* a la nación. USCIS le enviará el Formulario N-445, Notificación de Ceremonia de Juramento de Naturalización, para comunicarle la hora y la fecha en que se celebrará su ceremonia de naturalización. Usted deberá completar este formulario y llevarlo a la ceremonia.

Si usted no puede asistir a su ceremonia, podrá volver a programarla. Para ello, deberá devolver el Formulario N-445 a la oficina local de USCIS, junto con una carta en la que explique el motivo por el cual no podrá asistir a la ceremonia.

Al presentarse en la ceremonia, deberá entregar su Tarjeta de Residente Permanente a USCIS. Ya no necesitará esta tarjeta porque, durante la ceremonia, se le entregará su Certificado de Naturalización.

Usted adquirirá la ciudadanía solo después de haber hecho el *Juramento de Lealtad* a la nación. Un funcionario leerá lentamente el *juramento* por partes y le pedirá que repita las palabras. Después de tomar *juramento*, usted recibirá su Certificado de Naturalización. Este documento comprueba que usted es un ciudadano estadounidense.

La ceremonia del *Juramento de Lealtad* a la nación es un evento público. Todos los años, muchas comunidades celebran ceremonias especiales el 4 de julio, Día de la Independencia. Verifique si en su comunidad se organiza una ceremonia especial de ciudadanía el 4 de julio y pregunte cómo puede participar. Muchas personas asisten con sus familias y celebran luego la ocasión.

En camino hacia el futuro

Esperamos que esta guía le sea útil. El propósito de esta guía es ayudarlo a dar inicio a su vida en Estados Unidos y a comprender sus derechos y responsabilidades como residente permanente. En esta guía se le informa sobre las maneras en que usted puede participar en los asuntos de su comunidad. También se le informa sobre algunos aspectos que debe conocer si desea convertirse en un ciudadano naturalizado. Para obtener más información, visite el sitio web de USCIS: **www.uscis.gov/es**. También encontrará material de utilidad en **www.gobiernousa.gov**.

Ahora que se encuentra aquí, tiene la oportunidad de experimentar todo lo que puede ser la vida en este país. Le damos la bienvenida como residente permanente y le deseamos una vida exitosa en Estados Unidos.